Das große Strickmuster 1x1

Die schönsten Noppenmuster

Das große Strickmuster 1x1

Babette Ulmer

Die schönsten NOPPEN MUSTER

Band 5

CV

Inhalt

Noppenmuster

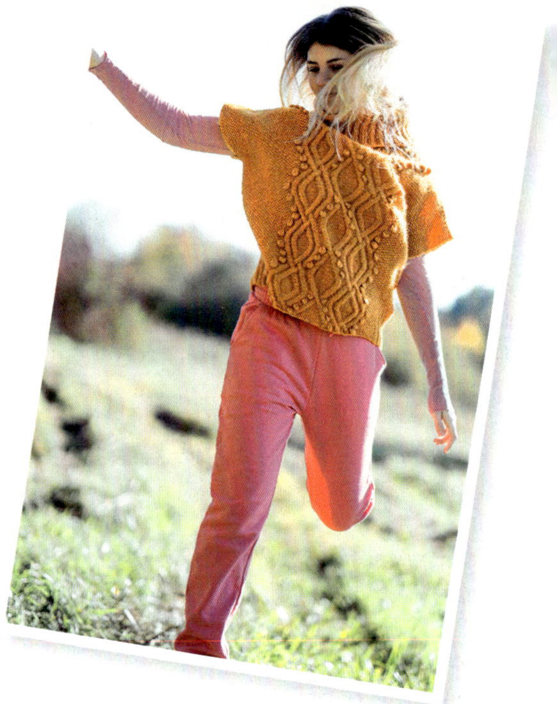

Projekte

Vorwort

Noppen!

Von dezent bis plakativ, Noppen können alles. Eine Fleißarbeit beim Stricken, da man gefühlt nicht schnell vorankommt, gleichzeitig jedoch sooo dekorativ!

Als Noppen bezeichnet man hervorstehende kleine oder auch große Erhebungen. Diese werden durch verschiedene Strickweisen erzielt. Prinzipiell gilt, dass für jede Art Noppe aus wenigen Maschen viele gemacht werden, die dann früher oder später wieder abgenommen werden, dadurch entsteht der „Knubbel".

In diesem Buch werden verschiedene Arten von Noppen gezeigt. Es gibt sehr unterschiedliche Arten Noppen zu stricken, jede Art ergibt anders aussehende Noppen.

Im Musterteil werden die Muster dann wie in allen Büchern in der Buchreihe Strickmusterbibliothek sowohl im Text wie in der Strickschrift beschrieben.

Im Modellteil des Buchs kommen die vorgestellten Muster dann gleich zum Einsatz: in Pullovern, Pullundern, Loops, Mützen, Stulpen oder auch Kissen. Viel Spaß beim Noppen stricken!

Babette Ulmer

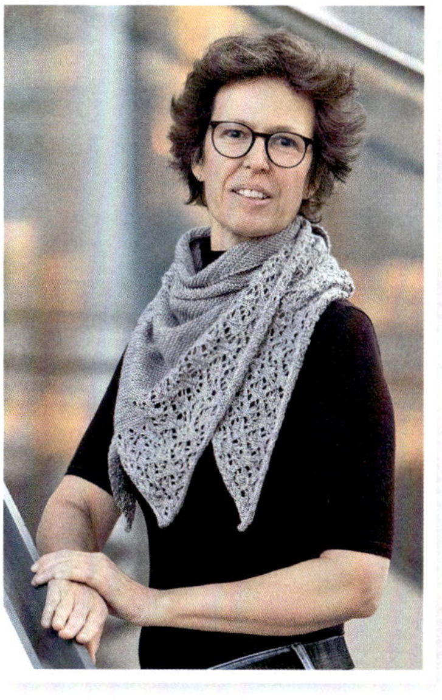

Über die Autorin

Stricken gehört seit der Teenagerzeit zu ihrem Alltag dazu: Babette Ulmer studierte Modedesign mit Schwerpunkt Maschen und hat ihr Hobby zum Beruf gemacht. Nach mehreren Jahren Berufserfahrung ist sie seit 2001 selbstständig. Sie arbeitet für verschiedene Firmen in der Handarbeitsbranche, entwirft Modelle und schreibt Anleitungen sowie seit 2007 zahlreiche bekannte Buchtitel, darunter *Stricken lernen. Der Schritt für Schritt Grundkurs*, oder auch *Pullover stricken lernen*.

Noppen und Noppenmuster

Noppen sind kleine Zierelemente, die gezielt in verschiedene Muster eingearbeitet oder flächig verteilt werden können und je nach Art mal mehr mal weniger stark hervortreten.

Runde Noppen

Allen klassischen Noppen ist gemein, dass aus einer Masche oder aus dem Querfaden zwischen 2 Maschen zunächst mehrere Maschen zugenommen werden, über die in ganz kurzen Hin- und Rückreihen gearbeitet wird. Vor dem Stricken der nächsten Masche des Grundmusters werden die Noppenmaschen wieder auf die ursprüngliche Maschenzahl reduziert. Dazu lassen sich alle Zu- und Abnahmetechniken einsetzen. Je nachdem, wie man sie kombiniert, lassen sich unterschiedliche Effekte erzielen.

Noppenzunahmen

Beim Herausstricken von mehreren Maschen müssen sich stets 2 Maschenarten abwechseln, um die Noppe gut im Maschenbild zu verankern. Häufig arbeitet man eine ungerade Maschenzahl und wechselt [1 Masche rechts, 1 Masche links], [1 Masche rechts, 1 Umschlag] oder [1 Masche rechts, 1 Masche rechts verschränkt] ab.

Noppenabnahmen

Über die eben zugenommenen Noppenmaschen werden nun so viele Hin- und Rückreihen glatt rechts gearbeitet, bis die gewünschte Noppengröße erreicht ist. Dann müssen die zuvor zugenommenen Maschen wieder reduziert werden.

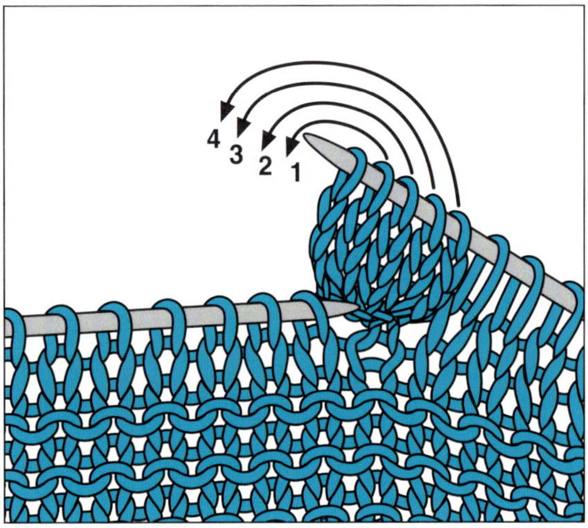

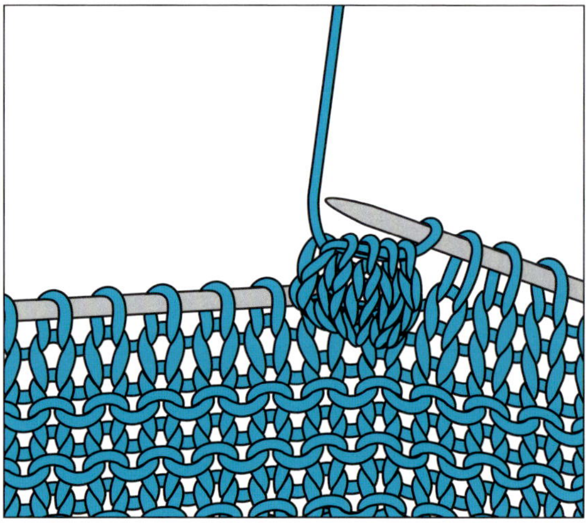

Häufig werden runde Noppen abgeschlossen, indem die Maschen der letzten Hinreihe nacheinander über die letzte Noppenmasche übergezogen werden, bis nur noch 1 Masche übrig ist.

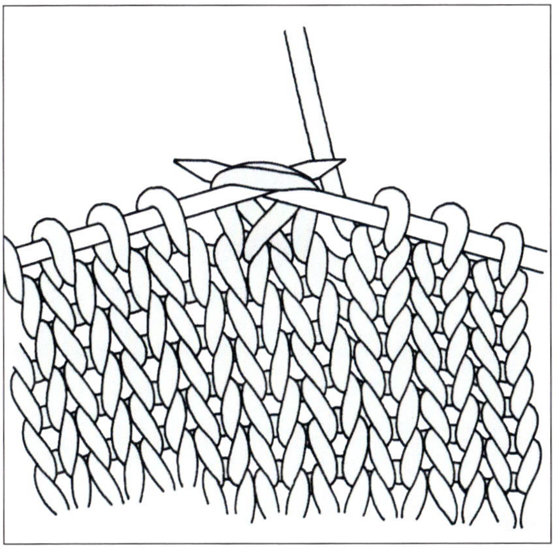

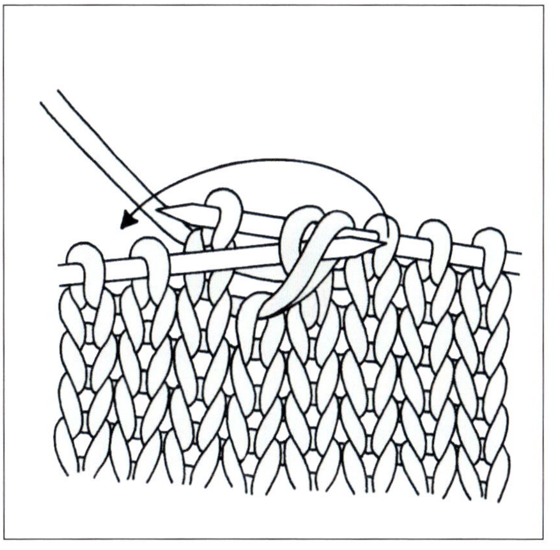

Eine besonders symmetrische Noppenform erzielt man aber auch, wenn man die zuvor zugenommenen Maschen nach den kurzen Hin- und Rückreihen mit aufliegender Mittelmasche abnimmt. Hier gezeigt für eine Noppe **über 3 Maschen:**
2 Maschen wie zum Rechtsstricken zusammen abheben. Die nächste Masche rechts stricken und beide abgehobenen Maschen darüber ziehen. Die mittlere der 3 Maschen ist deutlich sichtbar, die Abnahmemasche weist keine Neigung auf.

Für eine Noppe über **5 Maschen:** 3 Maschen wie zum Rechtsstricken abheben, 2 Maschen rechts zusammenstricken, dann die 3 abgehobenen Maschen zusammen überziehen.
Für eine Noppe **über 7 Maschen:** 4 Maschen wie zum Rechtsstricken abheben, 3 Maschen rechts zusammenstricken, dann die 4 abgehobenen Maschen zusammen überziehen.

Wenn die Noppe anfangs aus einer Masche herausgestrickt wurde, kann mit dieser letzten Masche nun einfach im Muster weitergearbeitet werden. Wurde die Noppe dagegen aus dem Querfaden zwischen 2 Maschen herausgestrickt, wird diese letzte Noppenmasche auch noch über die folgende Masche im Grundmuster gezogen. So verändert sich die Maschenzahl des Grundmusters nicht. Alternativ lassen sich aber auch andere Arten der Maschenabnahmen einsetzen.

Größe einer runden Noppe

Die Größe einer runden Noppe hängt dabei zum einen davon ab, wie viele Noppenmaschen zugenommen werden, und zum anderen, wie viele Reihen über diese Noppenmaschen gearbeitet werden. Da die Noppengröße stets gut zum übrigen Strickmuster proportioniert werden muss, werden Noppen in der Regel direkt beim Muster beschrieben. Wir verwenden darum hier in allen Strickschriften immer dasselbe Symbol für eine Noppe, auch wenn die von Muster zu Muster unterschiedlich gearbeitet wird.

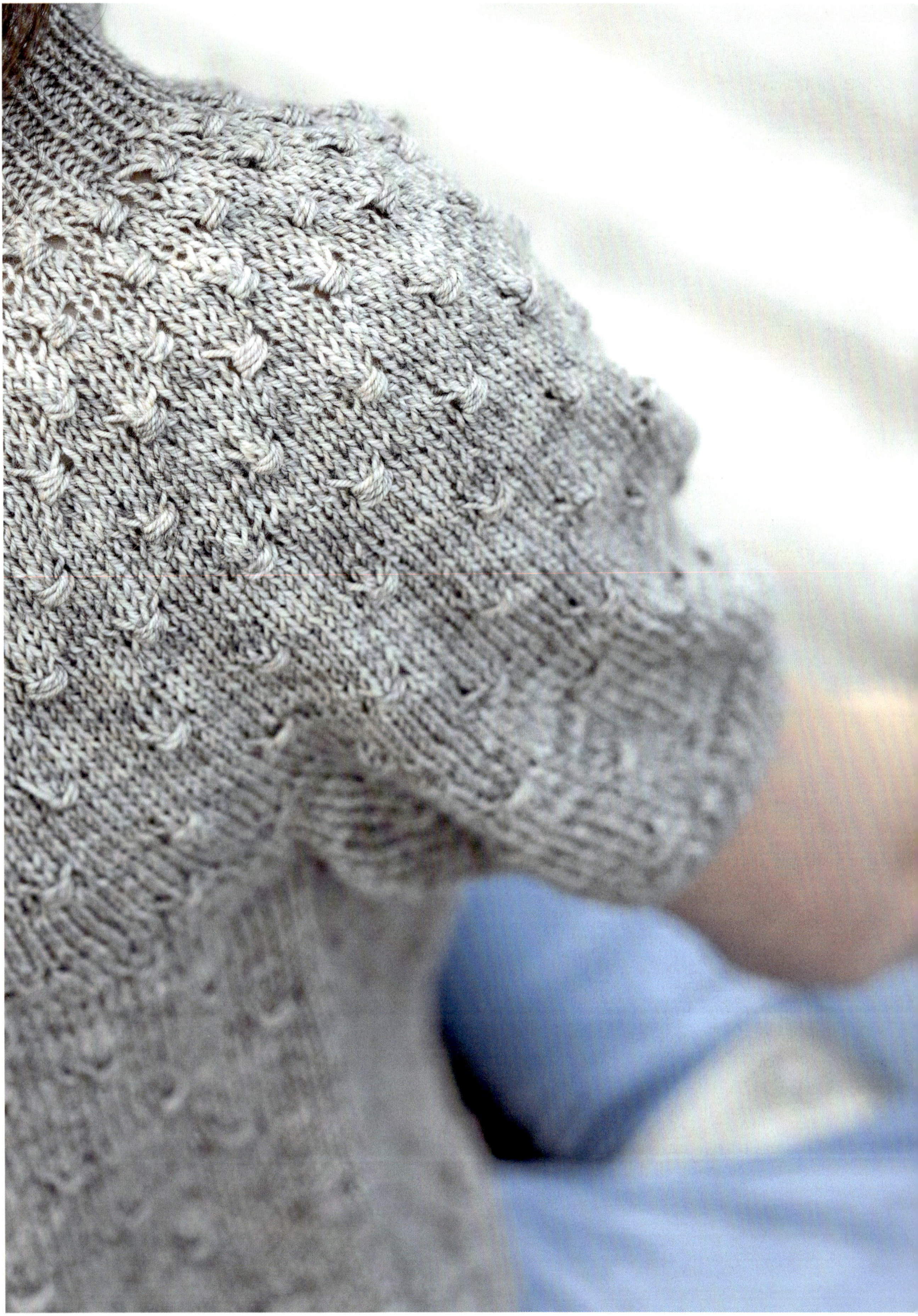

Besondere Noppentechniken

Als **Bubblemuster** werden häufig Muster bezeichnet, bei denen die Noppenzunahmen zwar wie bei den runden Noppen gearbeitet werden, dann aber nicht nur über diese Maschen, sondern mehrere Reihen über alle Maschen des Musters gestrickt wird, bevor die zuvor zugenommenen Maschen wieder abgenommen werden. Damit erzielt man ebenfalls Wölbungen im Muster, die jedoch weicher und weniger definiert erscheinen als die runden Noppen. Daher setzt man solche Effekte eher als flächige Muster und weniger als gezielte Zierelemente ein. Auch durch versetzt gearbeitete tiefgestochene Maschen über mehrere Reihen lassen sich wie durch gezielte Raffungen flächige Bubblemuster stricken.

Eine Besonderheit stellen Noppen aus **Wickelmaschen** dar. Durch mehrmals umwickelte Maschenbündel geschieht die Raffung diesmal nicht wie bei den Bubblemustern in der Höhe, sondern in der Breite mehrerer Maschen. Dazu die gewünschte Anzahl an zu umwickelnden Maschen zunächst rechts stricken, diese Maschen auf eine Hilfsnadel heben (der Faden befindet sich dabei an der zuletzt gestrickten Masche, die nun ganz links auf der Hilfsnadel liegt) und den Faden unterhalb der Hilfsnadel 4x im Uhrzeigersinn fest um die eben gestrickten Maschen wickeln. Die Maschen wieder auf die rechte Nadel heben und im Grundmuster weiterarbeiten. In den folgenden Reihen werden alle umwickelten Maschen einfach mustergemäß gestrickt.

Im beliebten **Dornröschenmuster** wechseln sich Mehrfachzunahmen aus einer Masche mit Mehrfachabnahmen ab und werden immer versetzt übereinander gearbeitet.

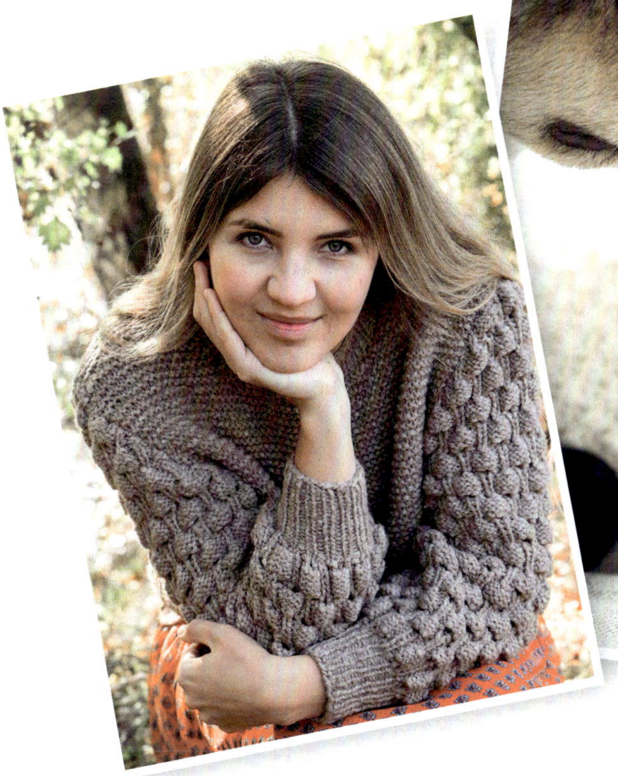

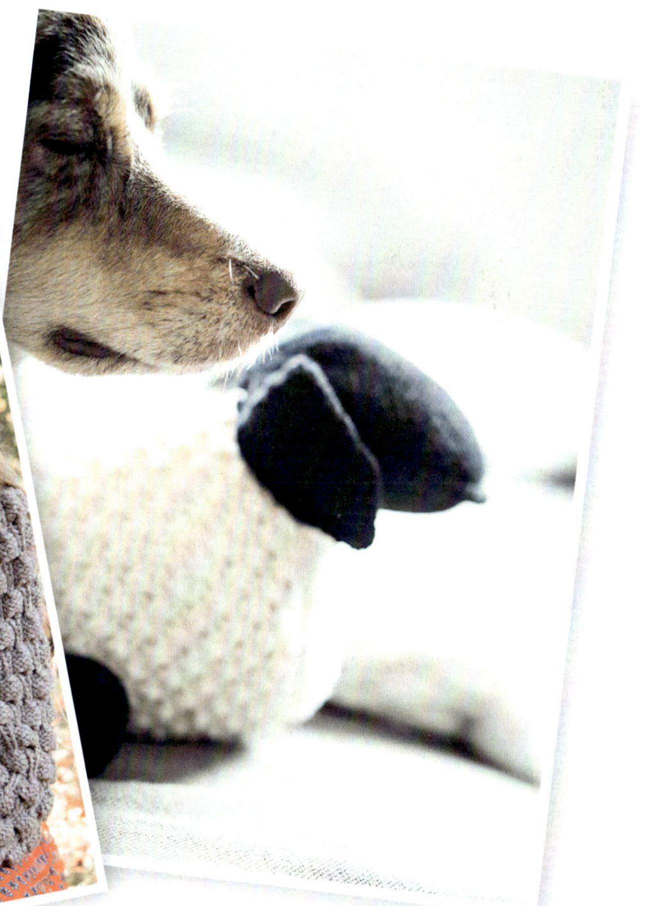

Muster und Modellanleitungen

Für jede Strickanleitung gilt: Bitte alles erst einmal durchlesen! Damit gewinnt man einen Überblick über das Projekt und wird nicht mittendrin unerwartet überrascht.

Im Musterteil werden alle Noppenmuster sowohl durch Strickschrift als auch durch ausgeschriebene Textanleitung beschrieben. Beide Darstellungen können sich bei Unklarheiten gut ergänzen. Bei jedem Muster werden die Maschenzahl des Rapports, dann die Anfangs- und Endmaschen und die beiden Randmaschen angegeben, und schließlich, welche Reihen wiederholt werden. Damit lässt sich das Muster auch leicht für eigene Strickprojekte verwenden.

Stricken nach ausgeschriebenem Text

Im Text werden die Muster Reihe für Reihe und Masche für Masche ausgeschrieben. Der Rapport steht zwischen Sternchen * *, kleinere Wiederholungen zwischen [ ], dann folgt die Angabe, wie oft wiederholt wird. Abschließend findet man noch die Angabe, welche Reihen in der Höhe wiederholt werden.

Stricken nach Strickschrift

In Strickschriften werden Hin- und Rückreihen gezeichnet. Die Maschen sind so gezeichnet, wie sie gestrickt werden. Wie die Symbole einer Strickschrift zu lesen sind, wird unter jeder Strickschrift in der Zeichenerklärung angegeben. Gut darauf achten, ob das Muster mit einer Hin- oder Rückreihe beginnt!

Strickschriften immer in Strickrichtung lesen, also Hinreihen von rechts nach links und Rückreihen von links nach rechts. Man kann sich dabei leicht an der Position der Reihennummer orientieren. Ziffern rechts neben der Strickschrift markieren Hinreihen, Ziffern links neben der Strickschrift Rückreihen. Bei Strickschriften für ein in Runden gestricktes Muster stehen alle Ziffern auf der rechten Seite.

In Hinreihen mit der Randmasche und den Maschen vor dem rechten Pfeil beginnen, dann den Rapport zwischen den Pfeilen wiederholen und mit den Maschen nach dem linken Pfeil enden. In allen Rückreihen die Strickschrift entsprechend von links nach rechts lesen. Unter der Strickschrift wird angegeben, welche Reihen wiederholt werden.

Musterdarstellungen im Modellteil und im Musterteil

Im Musterteil werden alle vorgestellten Muster in Hin- und Rückreihen in ihrer Grundform gerade hoch mit Randmaschen beschrieben. Der Modellteil zeigt dann, was man aus diesen Grundmustern machen kann oder wie sie in einem Modell mit eigener Formgebung eingesetzt werden können. Diese Beispiele dürfen gerne animieren, selbst mit den Mustern kreativ zu werden.

Folgende Abkürzungen werden verwendet:

M = Masche oder Maschen
R = Reihe oder Reihen
Rd = Runde oder Runden
rechts / überzogen zusammen = rechts / überzogen zusammenstricken

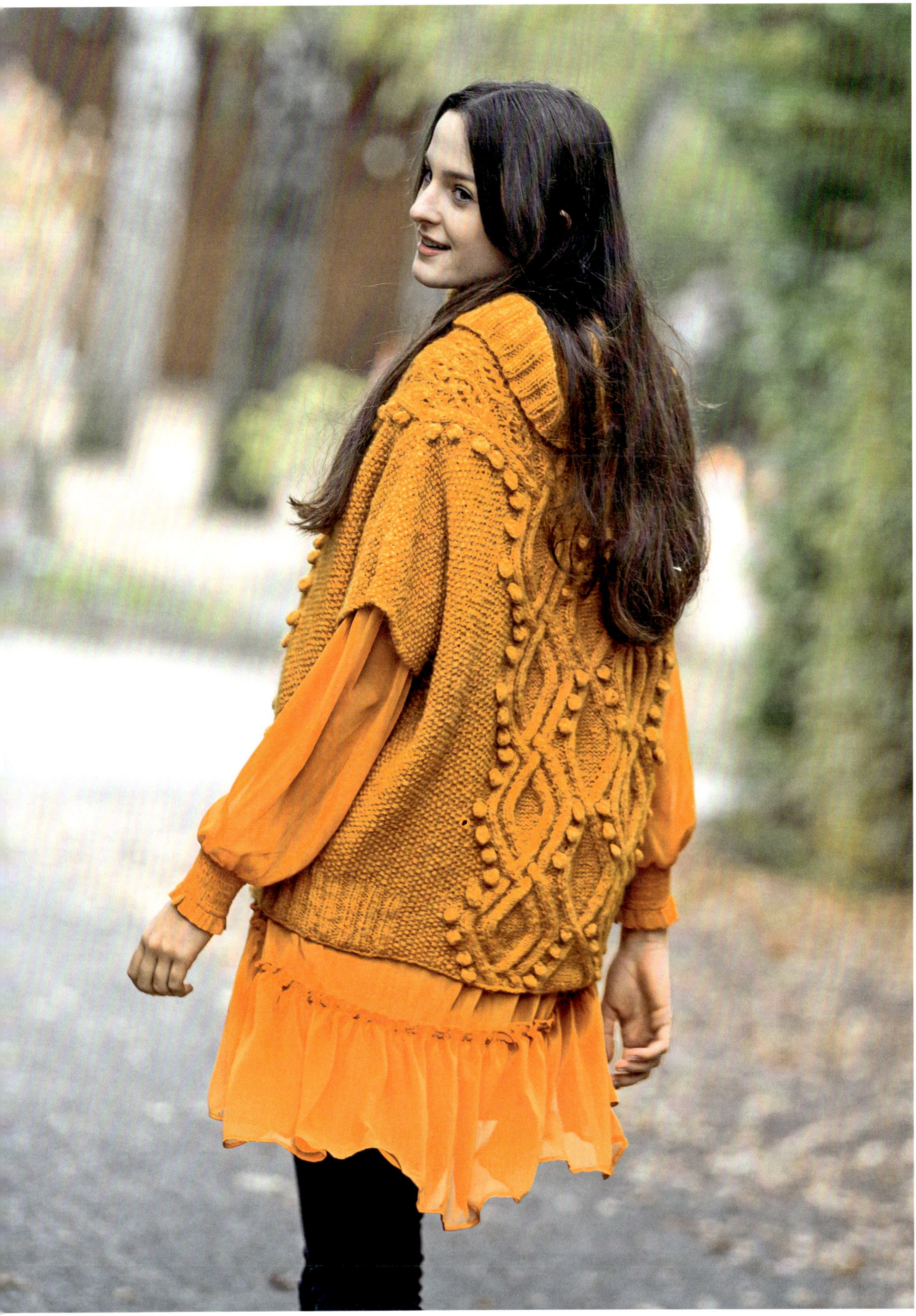

Noppen mit tiefgestochenen Maschen

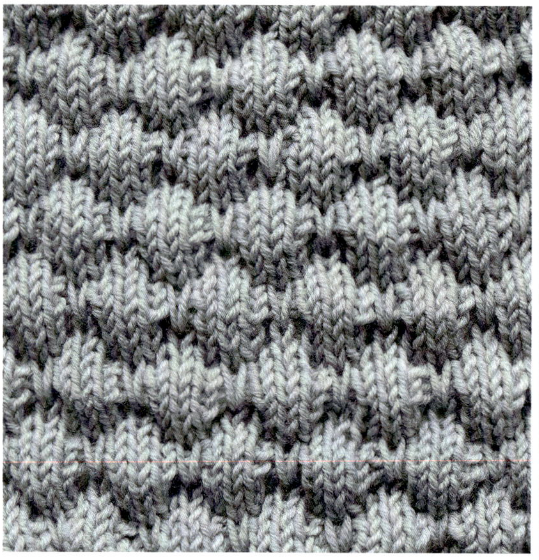

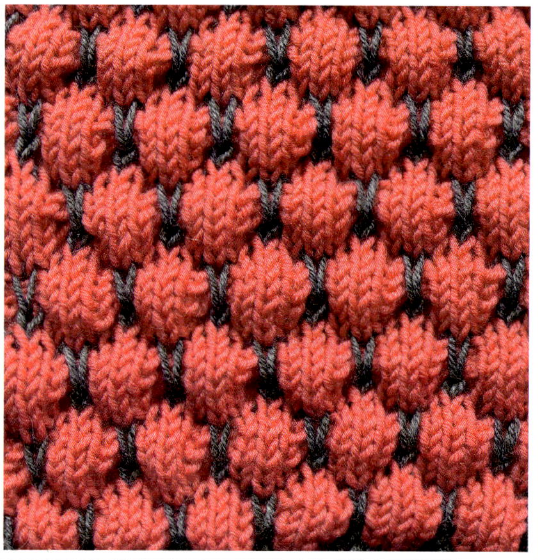

Schwierigkeitsgrad einfach
Kategorie tiefgestochene Maschen

Maschenzahl in Reihen teilbar durch 4 + 3 + 2 Randmaschen, in Runden teilbar durch 4.

STRICKEN NACH MUSTERBESCHREIBUNG

Das Muster wird zum Stricken in Reihen und in Runden beschrieben, um zu verdeutlichen, dass sich dasselbe Muster beim Arbeiten in Reihen ein wenig verändern kann, damit sich die Noppen stets in Hinreihen arbeiten lassen, während man die Noppen beim Stricken in Runden auch problemlos in ungeraden Runden arbeiten kann.

Musterbeschreibung in Reihen

1. Reihe (Hinreihe): RandM, alle M rechts, RandM.
2. Reihe (Rückreihe): RandM, alle M links, RandM.
3. - 8. Reihe: Wie die 1. und 2. Reihe arbeiten.
9. Reihe: RandM, * 3 M rechts, 1 tiefgestochene M (= in die M 8 Reihe tiefer einstechen und diese rechts stricken, die folgende M fallen lassen; diese löst sich auf); ab * stets wiederholen, 3 M rechts, RandM.
10. Reihe: Wie die 2. Reihe arbeiten.
11. - 16. Reihe: Wie die 1. und 2. Reihe arbeiten.
17. Reihe: RandM, 1 M rechts, * 1 tiefgestochene M, 3 M rechts; ab * stets wiederholen, 1 tiefgestochene M, 1 M rechts, RandM.

1x die 1. – 18. Reihe arbeiten, dann die 3. – 18. Reihe stets wiederholen.

Musterbeschreibung in Runden

1. Runde (Farbe A): Alle M rechts.
2. - 7. Runde (Farbe B): Alle M rechts.
8. Runde (Farbe A): * 3 M rechts, 1 tiefgestochene M (= in die M 7 Rd tiefer einstechen und diese rechts stricken, die folgende M fallen lassen; diese löst sich auf); ab * stets wiederholen.
9. - 14. Runde (Farbe B): Alle M rechts.
15. Runde (Farbe A): * 1 M rechts, 1 tiefgestochene M, 2 M rechts; ab * stets wiederholen.

1x die 1. – 15. Runde arbeiten, dann die 2. – 15. Runde stets wiederholen.

STRICKEN NACH STRICKSCHRIFT

Für das Muster in Reihen sind in der Strickschrift nur die Hinreihen des Höhenrapportes notiert. Die Maschen sind so bezeichnet, wie sie gestrickt werden.
In den Hinreihen mit der RandM vor dem rechten Pfeil beginnen, den Rapport von 4 M zwischen den Pfeilen stets wiederholen und mit den M und der RandM nach dem linken Pfeil enden.
In den Rückreihen alle M zwischen den RandM links stricken.

1x die 1. – 18. Reihe arbeiten, dann die 3. – 18. Reihe stets wiederholen.

Für das Muster in Runden sind in der Strickschrift alle Runden des Höhenrapportes notiert. Die Maschen sind so bezeichnet, wie sie gestrickt werden. In allen Runden die Strickschrift von rechts nach links lesen.
Den Rapport von 4 M zwischen den Pfeilen stets wiederholen.
1x die 1. – 15. Runde arbeiten, dann die 2. – 15. Runde stets wiederholen.

Streifenfolge:
Zum Stricken in Runden: * 1 Rd Farbe A, 6 Rd Farbe B; ab * stets wiederholen.
Zum Stricken in Reihen: * 1 R Farbe A, 7 R Farbe B; ab * stets wiederholen.

Die abgebildete Farbvariante wurde mit Grau als Farbe A und Himbeer als Farbe B gestrickt.

Den Faden in der Farbe A jeweils am Beginn der entsprechenden Reihe neu ansetzten und am Ende dieser Reihe abschneiden. Beim Stricken in Runden kann der Faden einfach auf der Innenseite mit hochgeführt werden kann.

In Reihen

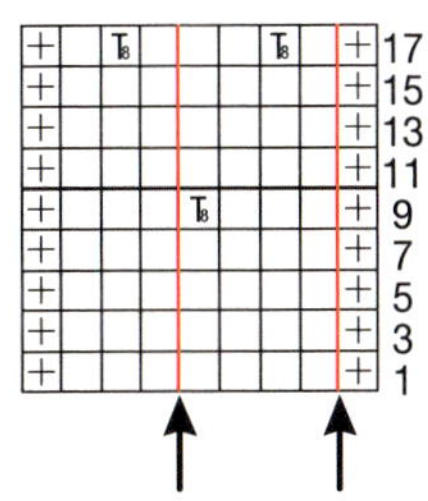

In Runden

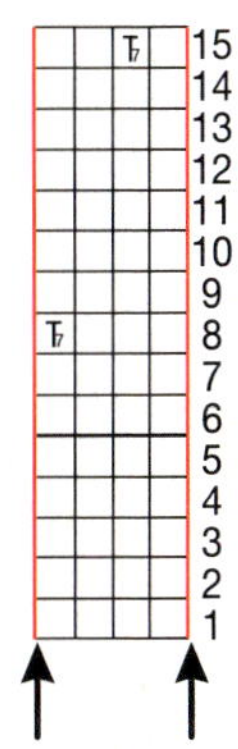

Zeichenerklärung:

- + = **Randmasche**
- □ = **1 Masche rechts**
- T8 = **1 tiefgestochene Masche (= in die Masche 8 Reihe tiefer einstechen und diese rechts stricken, die folgende Masche fallen lassen; diese löst sich auf)**
- T7 = **1 tiefgestochene Masche (= in die Masche 7 Runden tiefer einstechen und diese rechts stricken, die folgende Masche fallen lassen; diese löst sich auf)**

Dornröschenmuster

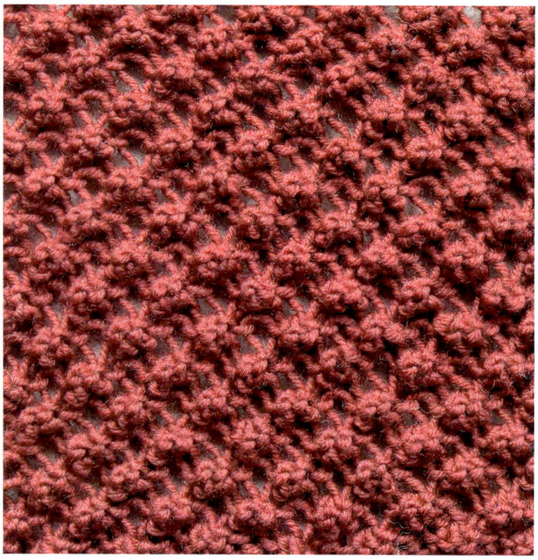

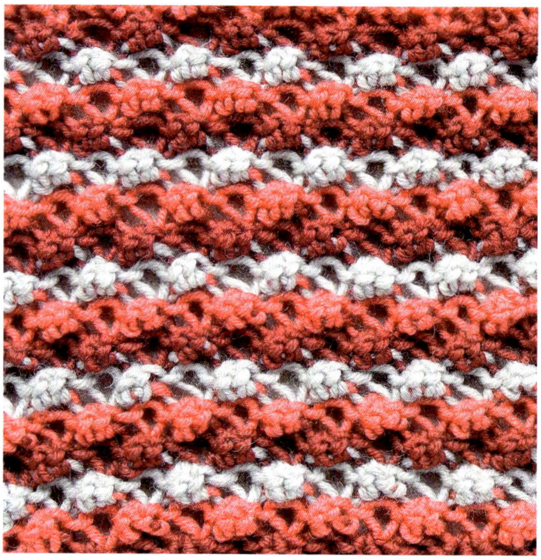

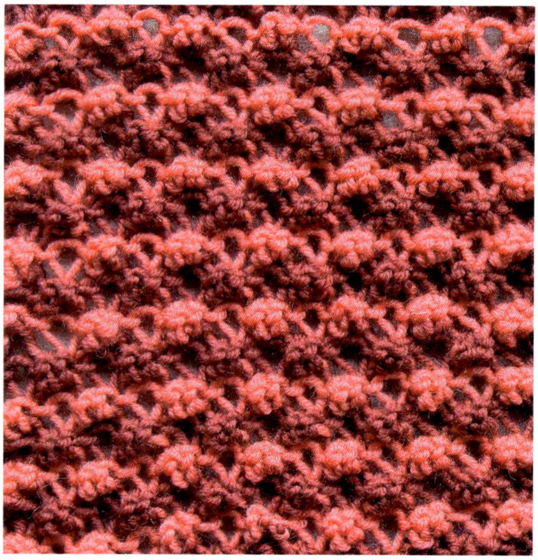

Schwierigkeitsgrad einfach
Kategorie zusammengestrickte Maschen

Maschenzahl teilbar durch 4 + 2 Randmaschen.

STRICKEN NACH MUSTERBESCHREIBUNG

Hinweis: Die Noppen in den Rückreihen stricken, sie erscheinen jedoch auf der Vorderseite.

1. Reihe (Hinreihe): RandM, alle M links, RandM.
2. Reihe (Rückreihe): RandM, * 3 M aus 1 M herausstricken (= 1 M links, 1 M rechts, 1 M links), 3 M rechts zusammen; ab * stets wiederholen, RandM.
3. Reihe: RandM, alle M links, RandM.
4. Reihe: RandM, * 3 M rechts zusammen, 3 M aus 1 M herausstricken; ab * stets wiederholen, RandM.

Die 1. – 4. Reihe stets wiederholen.

STRICKEN NACH STRICKSCHRIFT

In der Strickschrift sind alle Reihen des Höhenrapportes notiert. Die Maschen sind so bezeichnet, wie sie gestrickt werden.

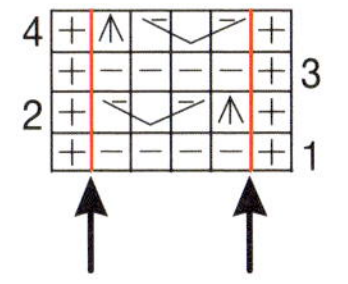

<u>In den HinR</u> mit der RandM vor dem rechten Pfeil beginnen, den Rapport von 4 M zwischen den Pfeilen stets wiederholen und mit der RandM nach dem linken Pfeil enden.

<u>In den RückR</u> die Strickschrift entsprechend von links nach rechts lesen.

Die 1. – 4. Reihe stets wiederholen.

Streifenfolge 1 (zweifarbig):
1 R Farbe A, * 2 R Farbe B, 2 R Farbe A; ab * stets wiederholen.

Streifenfolge 2 (dreifarbig):
1 R Farbe A, * 2 R Farbe B, 2 R Farbe C, 2 R Farbe A; ab * stets wiederholen.

Die abgebildeten Farbvarianten wurden mit Rot als Farbe A, Himbeer als Farbe B und Grau als Farbe C gestrickt.

Zeichenerklärung:

+ = **Randmasche**
– = **1 Masche links**
Λ = **3 Maschen rechts zusammenstricken**
= **3 Maschen aus 1 Masche herausstricken (= 1 Masche links, 1 Masche rechts, 1 Masche links)**

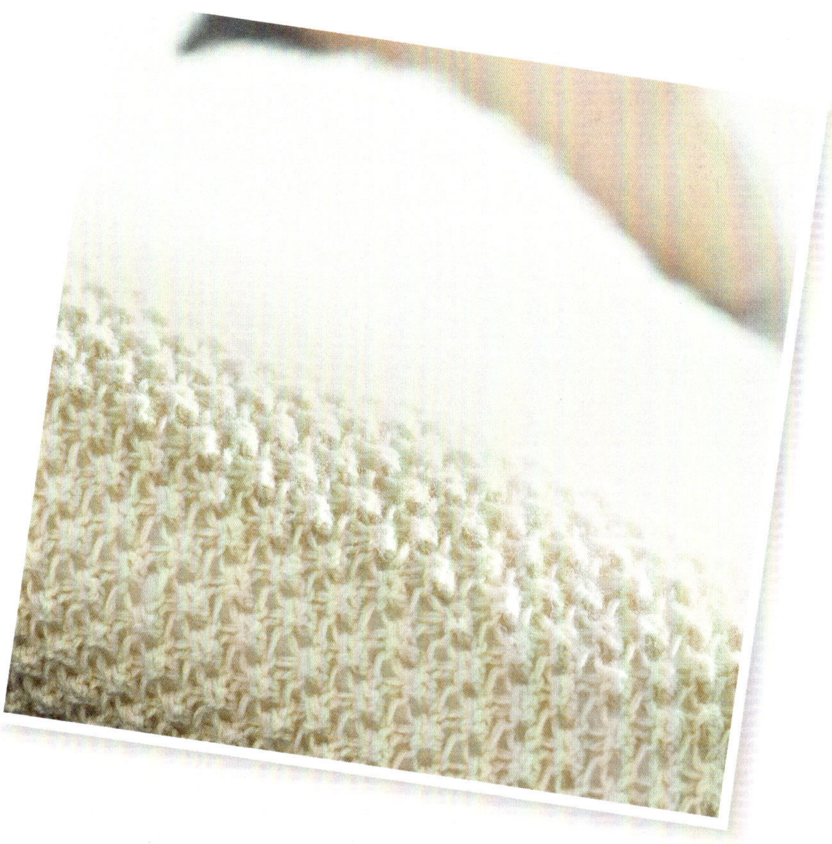

Wickelmuster

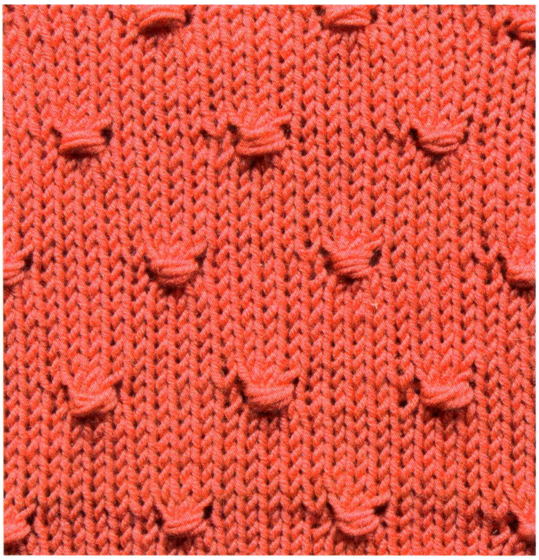

Schwierigkeitsgrad einfach
Kategorie Wickelmuster

Maschenzahl teilbar durch 8 + 1 + 2 Randmaschen.

STRICKEN NACH MUSTERBESCHREIBUNG

1. Reihe (Hinreihe): RandM, alle M rechts, RandM.
2. Reihe (Rückreihe) und alle Rückreihen: RandM, alle M links, RandM.
3. Reihe: RandM, alle M rechts, RandM.
5. Reihe: RandM, 3 M rechts, * 1 Noppe (= 3 M rechts, diese 3 M auf eine Hilfsnadel legen und den Faden 4x um die 3 M wickeln, dann die 3 M auf die rechte Nadel legen), 5 M rechts; ab * stets wiederholen, 1 Noppe, 3 M rechts, RandM.
7., 9. und 11. Reihe: RandM, alle M rechts, RandM.
13. Reihe: RandM, 3 M rechts, * 4 M rechts, 1 Noppe, 1 M rechts; ab * stets wiederholen, 6 M rechts, RandM.
15. Reihe: RandM, alle M rechts, RandM.

Die 1. – 16. Reihe stets wiederholen.

STRICKEN NACH STRICKSCHRIFT

In der Strickschrift sind nur Hinreihen des Höhenrapportes notiert. Die Maschen sind so bezeichnet, wie sie gestrickt werden.

<u>In den Hinreihen</u> mit der RandM und den M vor dem rechten Pfeil beginnen, den Rapport von 8 M zwischen den Pfeilen stets wiederholen und mit den M und der RandM nach dem linken Pfeil enden.

<u>In den Rückreihen</u> alle M zwischen den RandM links stricken.

Die 1. – 16. Reihe stets wiederholen.

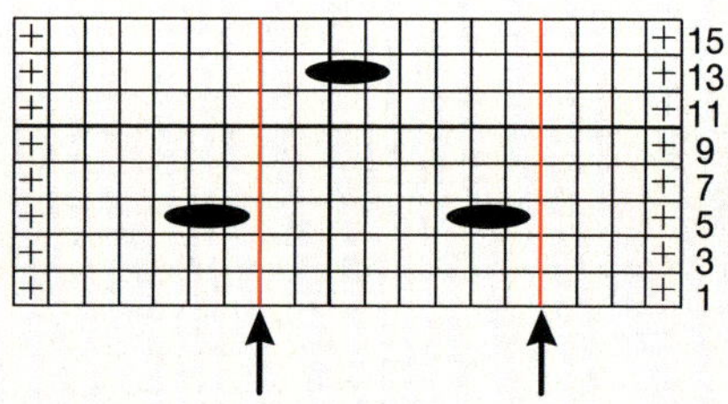

Zeichenerklärung:

[+] = **Randmasche**
[ ] = **1 Masche rechts**
[Oval] = **1 Noppe (= 3 Maschen rechts stricken, dann diese 3 Masche auf eine Hilfsnadel legen und den Faden 4x um diese 3 Maschen wickeln, dann die 3 Maschen auf die rechte Nadel legen)**

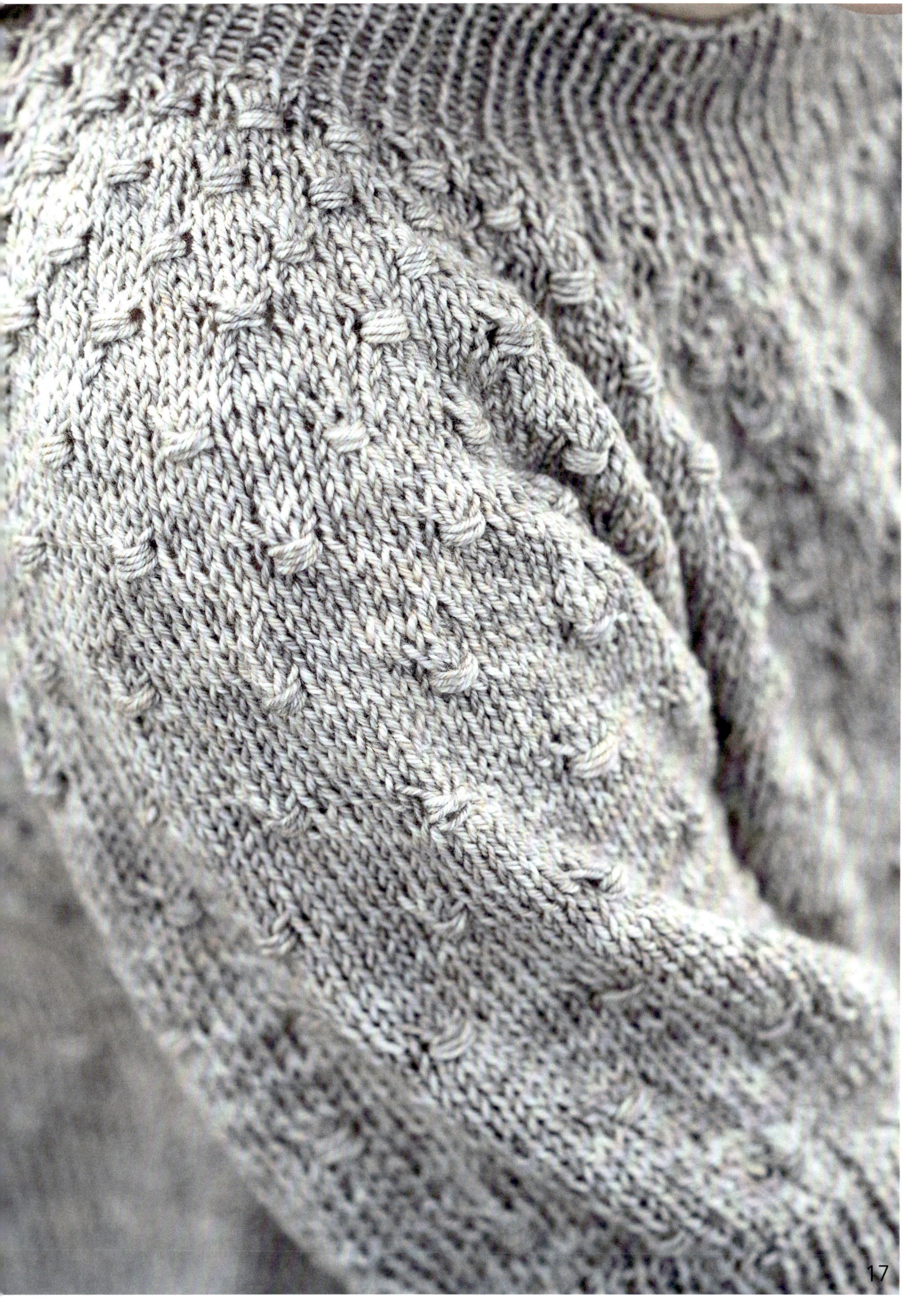

Blasenmuster

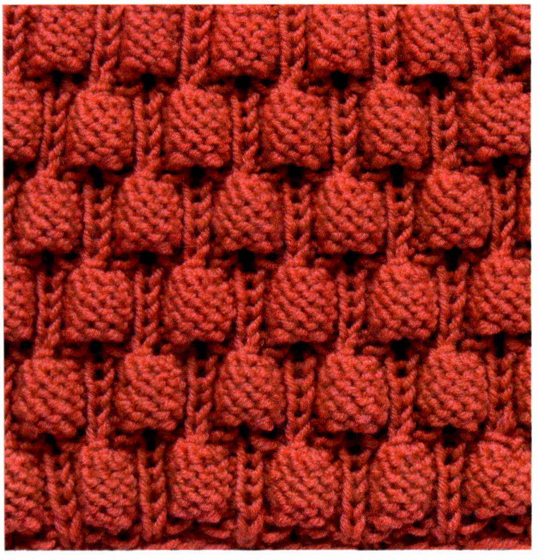

Schwierigkeitsgrad einfach
Kategorie Noppen über mehrere Reihen

Maschenzahl anfangs teilbar durch 4 + 1 + 2 Randmaschen, später durch die Muster-Zunahmen ab der 1. Reihe Maschenzahl teilbar durch 8 + 1 + 2 Randmasche.

STRICKEN NACH MUSTERBESCHREIBUNG

1. Reihe (Hinreihe): RandM, * 1 M links, 1 M rechts, 1 M links, 5 linke M aus 1 M herausstricken (= 1 M links, 1 Umschlag im Wechsel); ab * stets wiederholen, 1 M links, RandM. (= Zunahme von 4 M pro Rapport)
2. Reihe (Rückreihe): RandM, 1 M rechts, * 6 M rechts, 1 M links, 1 M rechts; ab * stets wiederholen, RandM.
3. Reihe: RandM, * 1 M links, 1 M rechts, 6 M links; ab * stets wiederholen, 1 M links, RandM.
4. - 5. Reihe: Wie die 2. und 3. Reihe arbeiten.
6. Reihe: Wie die 2. Reihe arbeiten.
7. Reihe (Hinreihe): RandM, * 1 M links, 5 linke M aus 1 M herausstricken, 1 M links, 5 M mit oben aufliegender MittelM rechts zusammen (= 3 M gemeinsam wie zum Rechtsstricken abheben, 2 M rechts zusammen, dann die 3 abgehobenen M zusammen überziehen); ab * stets wiederholen, 1 M links, RandM.
8. Reihe (Rückreihe): RandM, 1 M rechts, * 1 M links, 7 M rechts; ab * stets wiederholen, RandM.
9. Reihe: RandM, * 7 M links, 1 M rechts; ab * stets wiederholen, 1 M links, RandM.
10. - 11. Reihe: Wie die 8. und 9. Reihe arbeiten.
12. Reihe: Wie die 8. Reihe arbeiten.
13. Reihe: RandM, * 1 M links, 5 M mit oben aufliegender MittelM rechts zusammen, 1 M links, 5 linke M aus 1 M herausstricken; ab * stets wiederholen, 1 M links, RandM.
14. Reihe: RandM, 1 M rechts, * 6 M rechts, 1 M links, 1 M rechts; ab * stets wiederholen, RandM.

1x die 1. – 14. Reihe arbeiten, dann die 3. – 14. Reihe stets wiederholen.

STRICKEN NACH STRICKSCHRIFT

In der Strickschrift sind nur die Hinreihen des Höhenrapportes notiert. Die Maschen sind so bezeichnet, wie sie gestrickt werden.

In den Hinreihen mit der RandM vor dem rechten Pfeil beginnen, den Rapport von 4 bzw. später 8 M zwischen den Pfeilen stets wiederholen und mit der M und der RandM nach dem linken Pfeil enden.

In den Rückreihen alle M stricken, wie sie erscheinen.

1x die 1. – 14. Reihe arbeiten, dann die 3. – 14. Reihe stets wiederholen.

Hinweis: Vor dem abschließenden Abketten in der letzten Reihe mit Blasen (also in einer Reihe 7 oder einer Reihe 13) nur noch die 5 Maschen zusammenstricken und nicht mehr 5 Maschen aus 1 Masche herausstricken, so dass sich die Maschenzahl wieder auf die Zahl der Maschen reduziert, die ursprünglich angeschlagen worden waren.

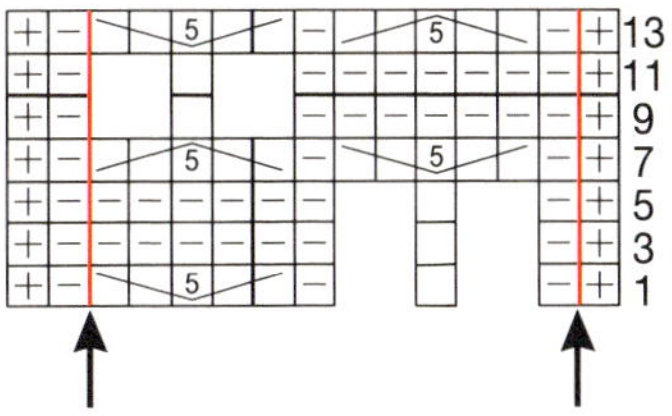

Zeichenerklärung:

= Randmasche

= 1 Masche rechts

= 1 Masche links

= 5 Maschen aus 1 Masche herausstricken (= 1 Masche links, 1 Umschlag im Wechsel)

= 5 Maschen mit oben aufliegender Mittelmasche rechts zusammenstricken (= 3 Maschen gemeinsam wie zum Rechtsstricken abheben, 2 Maschen rechts zusammenstricken, dann die 3 abgehobenen Maschen zusammen überziehen)

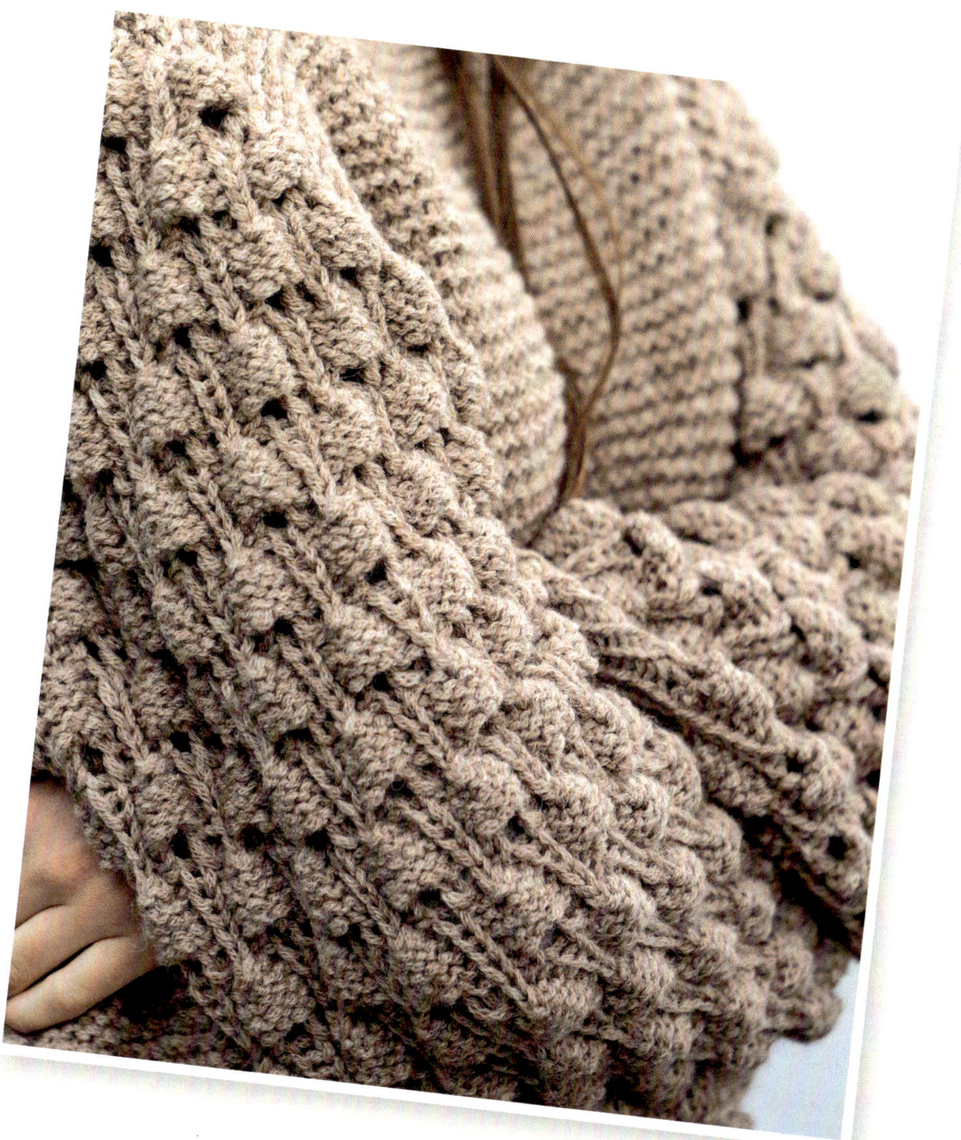

Herz

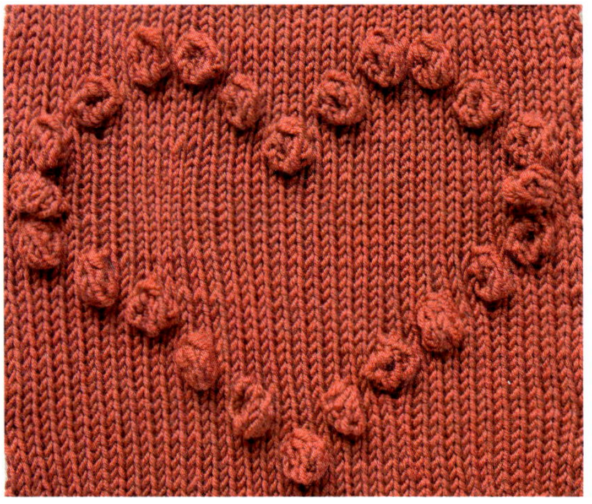

Schwierigkeitsgrad mittel
Kategorie Noppen

Motiv über 35 Maschen + 2 Randmaschen.

STRICKEN NACH MUSTERBESCHREIBUNG

1. Reihe (Hinreihe): RandM, alle M rechts, RandM.
2. Reihe (Rückreihe) und alle folgenden Rückreihen: RandM, alle M links, RandM.
3. Reihe: Wie die 1. Reihe arbeiten.
5. Reihe: RandM, 17 M rechts, 1 Noppe (= 5 M aus 1 M herausstricken (= *1 M rechts, 1 Umschlag im Wechsel*); Arbeit wenden, 5 M links; Arbeit wenden, 5 M rechts; Arbeit wenden, 5 M links; Arbeit wenden, 5 M rechts zusammen), 17 M rechts, RandM.
7. Reihe: Wie die 1. Reihe arbeiten.
9. Reihe: RandM, 14 M rechts, 1 Noppe, 5 M rechts, 1 Noppe, 14 M rechts, RandM.
11. Reihe: Wie die 1. Reihe arbeiten.
13. Reihe: RandM, 11 M rechts, 1 Noppe, 11 M rechts, 1 Noppe, 11 M rechts, RandM.
15. Reihe: Wie die 1. Reihe arbeiten.
17. Reihe: RandM, 8 M rechts, 1 Noppe, 17 M rechts, 1 Noppe, 8 M rechts, RandM.
19. Reihe: Wie die 1. Reihe arbeiten.
21. Reihe: RandM, 5 M rechts, 1 Noppe, 23 M rechts, 1 Noppe, 5 M rechts, RandM.
23. Reihe: Wie die 1. Reihe arbeiten.
25. Reihe: RandM, 2 M rechts, 1 Noppe, 29 M rechts, 1 Noppen, 2 M rechts, RandM.
27. Reihe: Wie die 23. Reihe arbeiten.
29. Reihe: Wie die 25. Reihe arbeiten.
31. Reihe: Wie die 23. Reihe arbeiten.
33. Reihe: RandM, 2 M rechts, * 1 Noppe, 14 M rechts; ab * 2x arbeiten, 1 Noppe, 2 M rechts, RandM.
35. Reihe: Wie die 1. Reihe arbeiten.
37. Reihe: RandM, 5 M rechts, 1 Noppe, 8 M rechts, 1 Noppe, 5 M rechts, 1 Noppe, 8 M rechts, 1 Noppe, 2 M rechts, RandM.
39. Reihe: Wie die 1. Reihe arbeiten.
41. Reihe: RandM, 6 M rechts, 1 Noppe, 2 M rechts, 1 Noppe, 1 M rechts, 1 Noppe, 2 M rechts, 1 Noppe, 6 M rechts, RandM.
43. und 45. Reihe: Wie die 1. Reihe arbeiten.

1x die 1. – 46. Reihe arbeiten.

STRICKEN NACH STRICKSCHRIFT

In der Strickschrift sind nur die Hinreihen des Höhenrapportes notiert. Die Maschen sind so bezeichnet, wie sie gestrickt werden.

In den Hinreihen die Strickschrift entsprechend von rechts nach links lesen.

In den Rückreihen alle M zwischen den RandM links stricken.

1x die 1. – 46. Reihe arbeiten.

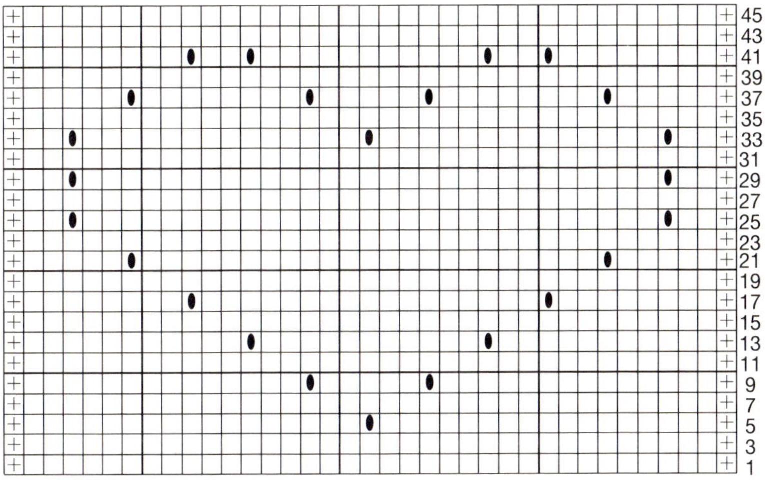

Zeichenerklärung:

[+] = **Randmasche**

[ ] = **1 Masche rechts**

[●] = **1 Noppe (= 5 Maschen aus 1 Masche herausstricken (= *1 Masche rechts, 1 Umschlag im Wechsel*), Arbeit wenden, 5 Maschen links, Arbeit wenden, 5 Maschen rechts, Arbeit wenden, 5 Maschen links, Arbeit wenden, 5 Maschen rechts zusammenstricken)**

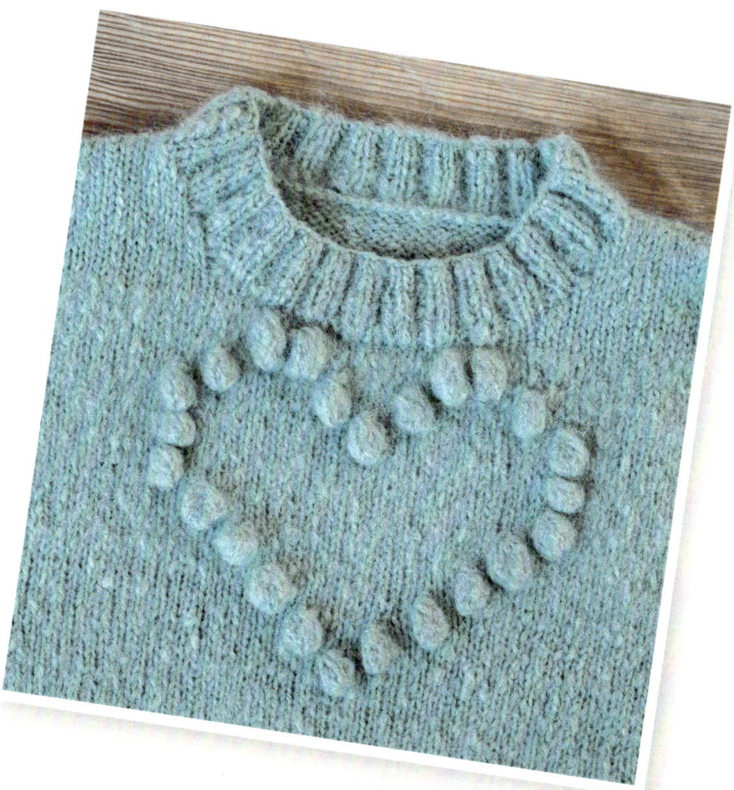

Flache Bobbel

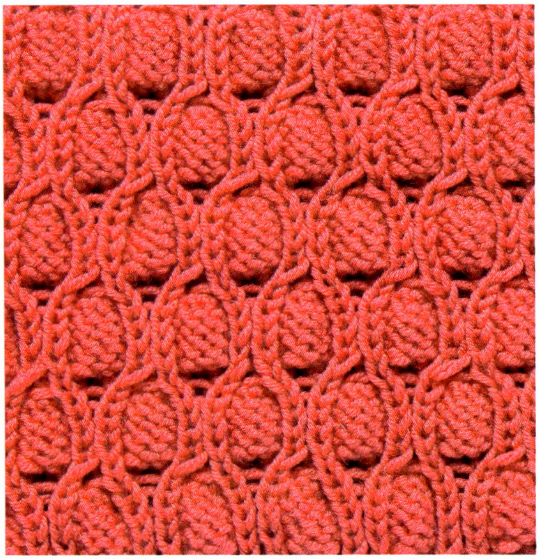

Schwierigkeitsgrad einfach
Kategorie Noppen über mehrere Reihen

Maschenzahl anfangs teilbar durch 4 + 1 + 2 Randmaschen, durch die Muster-Zunahmen ab der 1. Reihe Maschenzahl teilbar durch 8 + 1 + 2 Randmasche.

STRICKEN NACH MUSTERBESCHREIBUNG

1. Reihe (Hinreihe): RandM, * 1 M rechts, 1M links, 1 M rechts, 5 linke M aus 1 M herausstricken (= 1 M links, 1 Umschlag im Wechsel); ab * stets wiederholen, 1 M rechts, RandM. (= Zunahme von 4 M pro Rapport).
2. Reihe (Rückreihe): RandM, 1 M links, * 5 M rechts, 1 M links, 1 M rechts, 1 M links; ab * stets wiederholen, RandM.
3. Reihe: RandM, * 1 M rechts, 1 M links, 1 M rechts, 5 M links; ab * stets wiederholen, 1 M rechts, RandM.
4. - 5. Reihe: Wie die 2. und 3. Reihe arbeiten.
6. Reihe: Wie die 2. Reihe arbeiten.
7. Reihe (Hinreihe): RandM, * 1 M rechts, 5 linke M aus 1 M herausstricken, 1 M rechts, 5 M links zusammen; ab * stets wiederholen, 1 M rechts, RandM.
8. Reihe (Rückreihe): RandM, 1 M links, * 1 M rechts, 1 M links, 5 M rechts, 1 M links; ab * stets wiederholen, RandM.
9. Reihe: RandM, * 1 M rechts, 5 M links, 1 M rechts, 1 M links; ab * stets wiederholen, 1 M rechts, RandM.
10. - 11. Reihe: Wie die 8. und 9. Reihe arbeiten.
12. Reihe: Wie die 8. Reihe arbeiten.
13. Reihe (Hinreihe): RandM, * 1 M rechts, 5 M links zusammen, 1 M rechts, 5 linke M aus 1 M herausstricken; ab * stets wiederholen, 1 M rechts, RandM.
14. Reihe (Rückreihe): RandM, 1 M links, * 5 M rechts, 1 M links, 1 M rechts, 1 M links; ab * stets wiederholen, RandM.

1x die 1. – 14. Reihe arbeiten, dann die 3. – 14. Reihe stets wiederholen.

STRICKEN NACH STRICKSCHRIFT

In der Strickschrift sind nur die Hinreihen des Höhenrapportes notiert. Die Maschen sind so bezeichnet, wie sie gestrickt werden.

In den Hinreihen mit der RandM vor dem rechten Pfeil beginnen, den Rapport von 4 bzw. später 8 M zwischen den Pfeilen stets wiederholen und mit der M und der RandM nach dem linken Pfeil enden.

In den Rückreihen alle M stricken, wie sie erscheinen.

1x die 1. – 14. Reihe arbeiten, dann die 3. – 14. Reihe stets wiederholen.

Hinweis: Vor dem abschließenden Abketten in der letzten Reihe mit Bobbel (also in einer Reihe 7 oder einer Reihe 13) nur noch die 5 Maschen zusammenstricken und nicht mehr 5 Maschen aus 1 Masche herausstricken, sodass sich die Maschenzahl wieder auf die Zahl der Maschen reduziert, die ursprünglich angeschlagen worden waren.

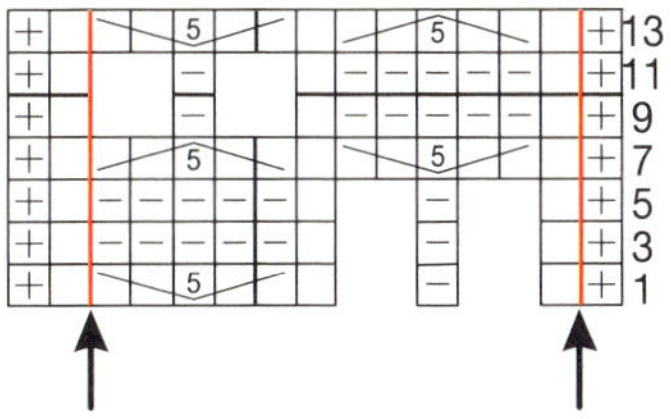

Zeichenerklärung:

- ⊞ = Randmasche
- ☐ = 1 Masche rechts
- ⊟ = 1 Masche links
- = 5 Maschen aus 1 Masche herausstricken (= 1 Masche links, 1 Umschlag im Wechsel)
- = 5 Maschen links zusammenstricken

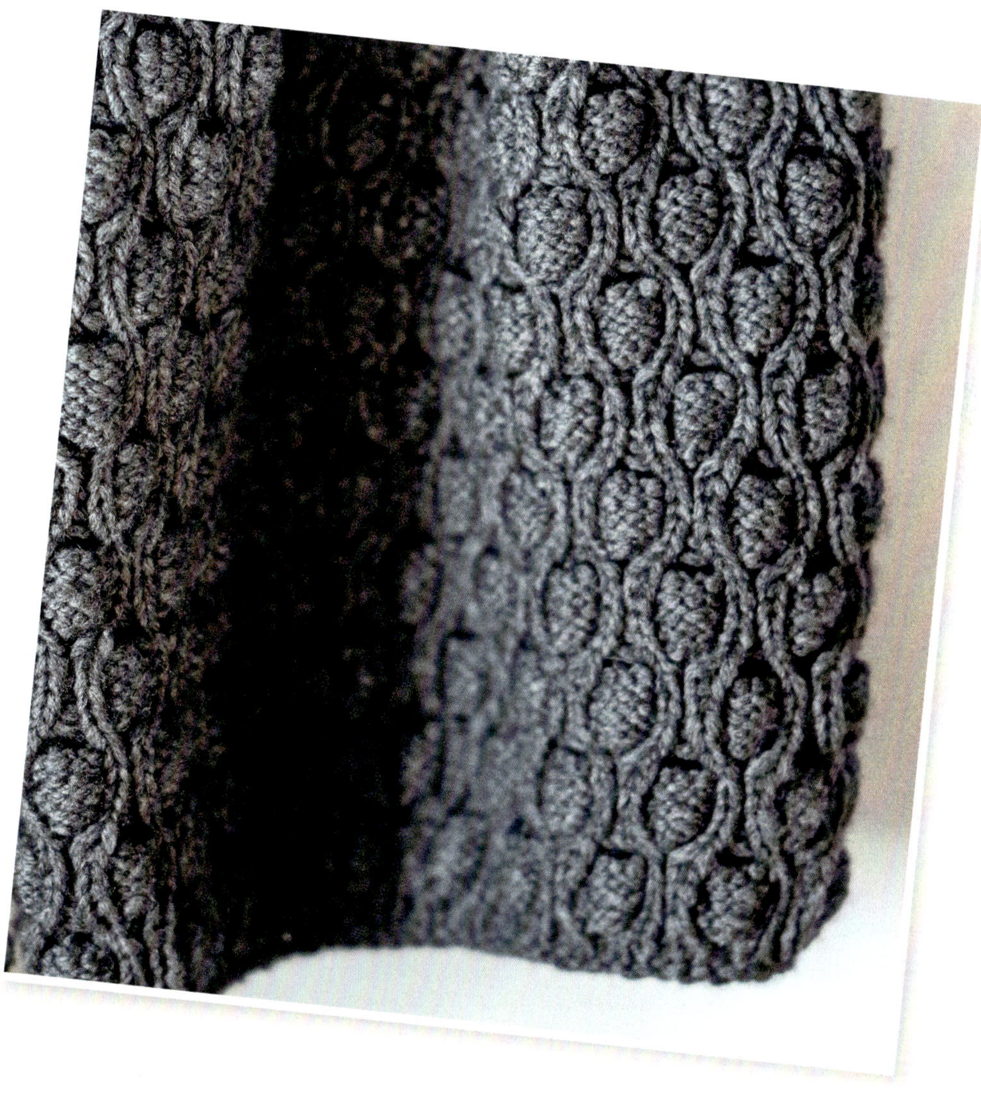

Ajourmuster mit Noppen

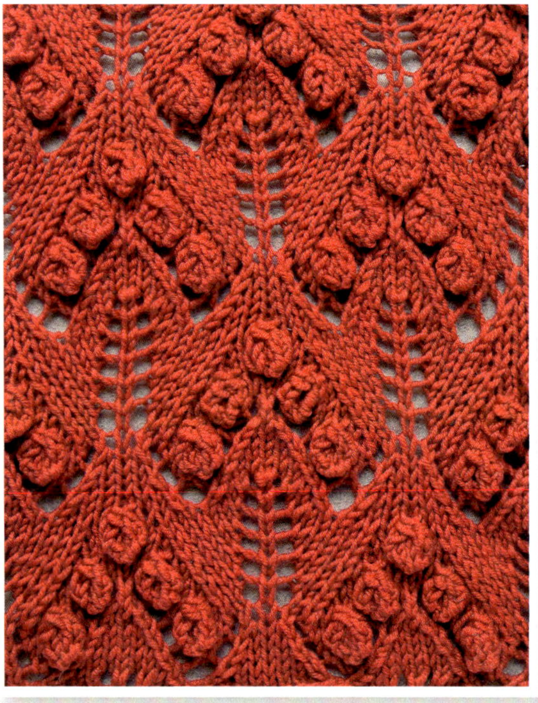

Schwierigkeitsgrad mittel
Kategorie Noppen in Ajourmustern

Maschenzahl teilbar durch 18 + 1 + 2 Randmaschen.

STRICKEN NACH MUSTERBESCHREIBUNG

1. Reihe (Hinreihe): RandM, 1 M rechts, * 2 M rechts, 2 M rechts zusammen, 1 Umschlag, 2 M rechts überzogen zusammen (= 1 M wie zum Rechtsstricken abheben, 1 M rechts stricken, dann die abgehobene M überziehen), 2 M rechts, 1 Umschlag, 1 M rechts, 1 Umschlag, 2 M rechts, 2 M rechts zusammen, 1 Umschlag, 2 M rechts überzogen zusammen, 3 M rechts; ab * stets wiederholen, RandM.
2. Reihe (Rückreihe) und alle folgenden Rückreihen: Alle M und Umschläge zwischen den RandM links stricken.
3. Reihe: RandM, 1 M rechts, * 1 M rechts, 2 M rechts zusammen, 1 Umschlag, 1 M rechts, 1 Umschlag, 2 M rechts überzogen zusammen, 5 M rechts, 2 M rechts zusammen, 1 Umschlag, 1 M rechts, 1 Umschlag, 2 M rechts überzogen zusammen, 2 M rechts; ab * stets wiederholen, RandM.
5. Reihe: RandM, 1 M rechts, * 2 M rechts zusammen, 1 Umschlag, 3 M rechts, 1 Umschlag, 2 M rechts überzogen zusammen, 3 M rechts, 2 M rechts zusammen, 1 Umschlag, 3 M rechts, 1 Umschlag, 2 M rechts überzogen zusammen, 1 M rechts; ab * stets wiederholen, RandM.
7. Reihe: RandM, 1 M rechts, * 1 Umschlag, 1 M rechts, 2 M rechts überzogen zusammen, 1 M rechts, 1 Noppe (= 5 M aus 1 M herausstricken (= *1 M rechts, 1 Umschlag im Wechsel*); Arbeit wenden, 5 M links; Arbeit wenden, 5 M rechts; Arbeit wenden, 5 M links; Arbeit wenden, 5 M rechts überzogen zusammen (= *2 M gemeinsam wie zum Rechtsstricken abheben, 3 M rechts zusammen, dann die beiden abgehobenen Maschen zusammen überziehen*), 1 M rechts, 1 Umschlag, 2 M rechts überzogen zusammen, 1 M rechts, 2 M rechts zusammen, 1 Umschlag, 1 M rechts, 1 Noppe, 1 M rechts, 2 M rechts zusammen, 1 M rechts, 1 Umschlag, 1 M rechts; ab * stets wiederholen, RandM.
9. Reihe: RandM, 1 M rechts, * 1 Umschlag, 2 M rechts, 2 M rechts überzogen zusammen, 3 M rechts, 1 Umschlag, 3 M mit oben aufliegender MittelM rechts zusammen (= 2 Maschen gemeinsam wie zum Rechtsstricken abheben, 1 Masche rechts stricken, dann beide abgehobene Maschen zusammen überziehen), 1 Umschlag, 3 M rechts, 2 M rechts zusammen, 2 M rechts, 1 Umschlag, 1 M rechts; ab * stets wiederholen, RandM.
11. Reihe: RandM, 1 M rechts, * 1 Umschlag, 3 M rechts, 2 M rechts überzogen zusammen, 1 M rechts, 1 Noppe, 3 M rechts, 1 Noppe, 1 M rechts, 2 M rechts zusammen, 3 M rechts, 1 Umschlag, 1 M rechts; ab * stets wiederholen, RandM.
13. Reihe: RandM, 1 M rechts, * 1 Umschlag, 4 M rechts, 2 M rechts überzogen zusammen, 5 M rechts, 2 M rechts zusammen, 4 M rechts, 1 Umschlag, 1 M rechts; ab * stets wiederholen, RandM.

15. Reihe: RandM, 1 M rechts, * 1 Umschlag, 5 M rechts, 2 M rechts überzogen zusammen, 1 M rechts, 1 Noppe, 1 M rechts, 2 M rechts zusammen, 5 M rechts, 1 Umschlag, 1 M rechts; ab * stets wiederholen, RandM.
17. Reihe: RandM, 1 M rechts, * 1 Umschlag, 2 M rechts, 2 M rechts zusammen, 1 Umschlag, 2 M rechts überzogen zusammen, 5 M rechts, 2 M rechts zusammen, 1 Umschlag, 2 M rechts überzogen zusammen, 2 M rechts, 1 Umschlag, 1 M rechts; ab * stets wiederholen, RandM.
19. Reihe: RandM, 1 M rechts, * 2 M rechts, 2 M rechts zusammen, 1 Umschlag, 1 M rechts, 1 Umschlag, 2 M rechts überzogen zusammen, 3 M rechts, 2 M rechts zusammen, 1 Umschlag, 1 M rechts, 1 Umschlag, 2 M rechts überzogen zusammen, 3 M rechts; ab * stets wiederholen, RandM.
21. Reihe: RandM, 1 M rechts, * 1 M rechts, 2 M rechts zusammen, 1 Umschlag, 3 M rechts, 1 Umschlag, 2 M rechts überzogen zusammen, 1 M rechts, 2 M rechts zusammen, 1 Umschlag, 3 M rechts, 1 Umschlag, 2 M rechts überzogen zusammen, 2 M rechts; ab * stets wiederholen, RandM.
23. Reihe: RandM, 1 M rechts, * 2 M rechts zusammen, 1 Umschlag, 1 M rechts, 1 Noppe, 1 M rechts, 2 M rechts zusammen, 1 M rechts, 1 Umschlag, 1 M rechts, 1 Umschlag, 1 M rechts, 2 M rechts überzogen zusammen, 1 M rechts, 1 Noppe, 1 M rechts, 1 Umschlag, 2 M rechts überzogen zusammen, 1 M rechts; ab * stets wiederholen, RandM.
25. Reihe: RandM, 2 M rechts zusammen, * 1 Umschlag, 3 M rechts, 2 M rechts zusammen, 2 M rechts, 1 Umschlag, 1 M rechts, 1 Umschlag, 2 M rechts, 2 M rechts überzogen zusammen, 3 M rechts, 1 Umschlag, 3 M mit oben aufliegender MittelM rechts zusammen; ab * stets wiederholen, 1 Umschlag, 3 M rechts, 2 M rechts zusammen, 2 M rechts, 1 Umschlag, 1 M rechts, 1 Umschlag, 2 M rechts, 2 M rechts überzogen zusammen, 3 M rechts, 1 Umschlag, 2 M rechts überzogen zusammen, RandM.
27. Reihe: RandM, 1 M rechts, * 1 M rechts, 1 Noppe, 1 M rechts, 2 M rechts zusammen, 3 M rechts, 1 Umschlag, 1 M rechts, 1 Umschlag, 3 M rechts, 2 M rechts überzogen zusammen, 1 M rechts, 1 Noppe, 2 M rechts; ab * stets wiederholen, RandM.
29. Reihe: RandM, 1 M rechts, * 2 M rechts, 2 M rechts zusammen, 4 M rechts, 1 Umschlag, 1 M rechts, 1 Umschlag, 4 M rechts, 2 M rechts überzogen zusammen, 3 M rechts; ab * stets wiederholen, RandM.
31. Reihe: RandM, 1 Noppe, * 1 M rechts, 2 M rechts zusammen, 5 M rechts, 1 Umschlag, 1 M rechts, 1 Umschlag, 5 M rechts, 2 M rechts überzogen zusammen, 1 M rechts, 1 Noppe; ab * stets wiederholen, RandM.

Die 1. – 32. Reihe stets wiederholen.

STRICKEN NACH STRICKSCHRIFT

In der Strickschrift sind nur die Hinreihen des Höhenrapportes notiert. Die Maschen sind so bezeichnet, wie sie gestrickt werden.

In den Hinreihen mit der RandM und der M vor dem rechten Pfeil beginnen, den Rapport von 18 M zwischen den Pfeilen stets wiederholen und mit den M und der RandM nach dem linken Pfeil enden.

In den Rückreihen alle M und Umschläge zwischen den RandM links stricken.

Die 1. – 32. Reihe stets wiederholen.

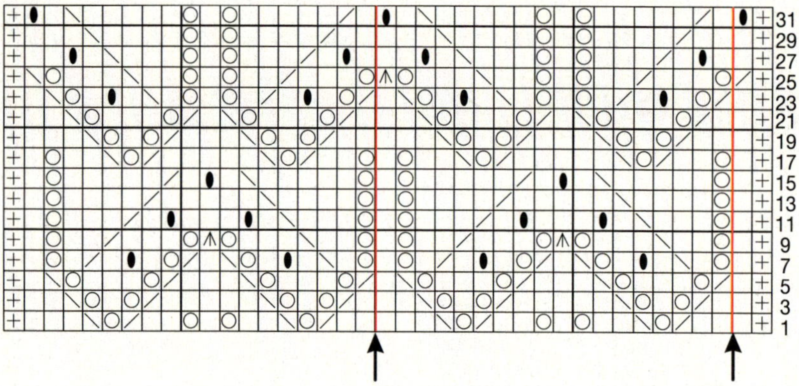

Zeichenerklärung:

[+] = Randmasche

[ ] = 1 Masche rechts

[O] = 1 Umschlag

[/] = 2 Masche rechts zusammenstricken

[\] = 2 Maschen rechts überzogen zusammenstricken (= 1 Masche wie zum Rechtsstricken abheben, 1 Masche rechts stricken, dann die abgehobene Masche überziehen)

[Λ] = 3 Maschen mit oben aufliegender Mittelmasche rechts zusammenstricken (= 2 Maschen gemeinsam wie zum Rechtsstricken abheben, 1 Masche rechts stricken, dann beide abgehobenen Maschen zusammen überziehen)

[●] = 1 Noppe (= 5 Maschen aus 1 Masche herausstricken (*= 1 Masche rechts, 1 Umschlag im Wechsel*); Arbeit wenden, 5 Maschen links; Arbeit wenden, 5 Maschen rechts; Arbeit wenden, 5 Maschen links; Arbeit wenden, 5 Maschen rechts überzogen zusammenstricken (*= 2 Maschen gemeinsam wie zum Rechtsstricken abheben, 3 Maschen rechts zusammenstricken, dann die beiden abgehobenen Maschen zusammen überziehen*)

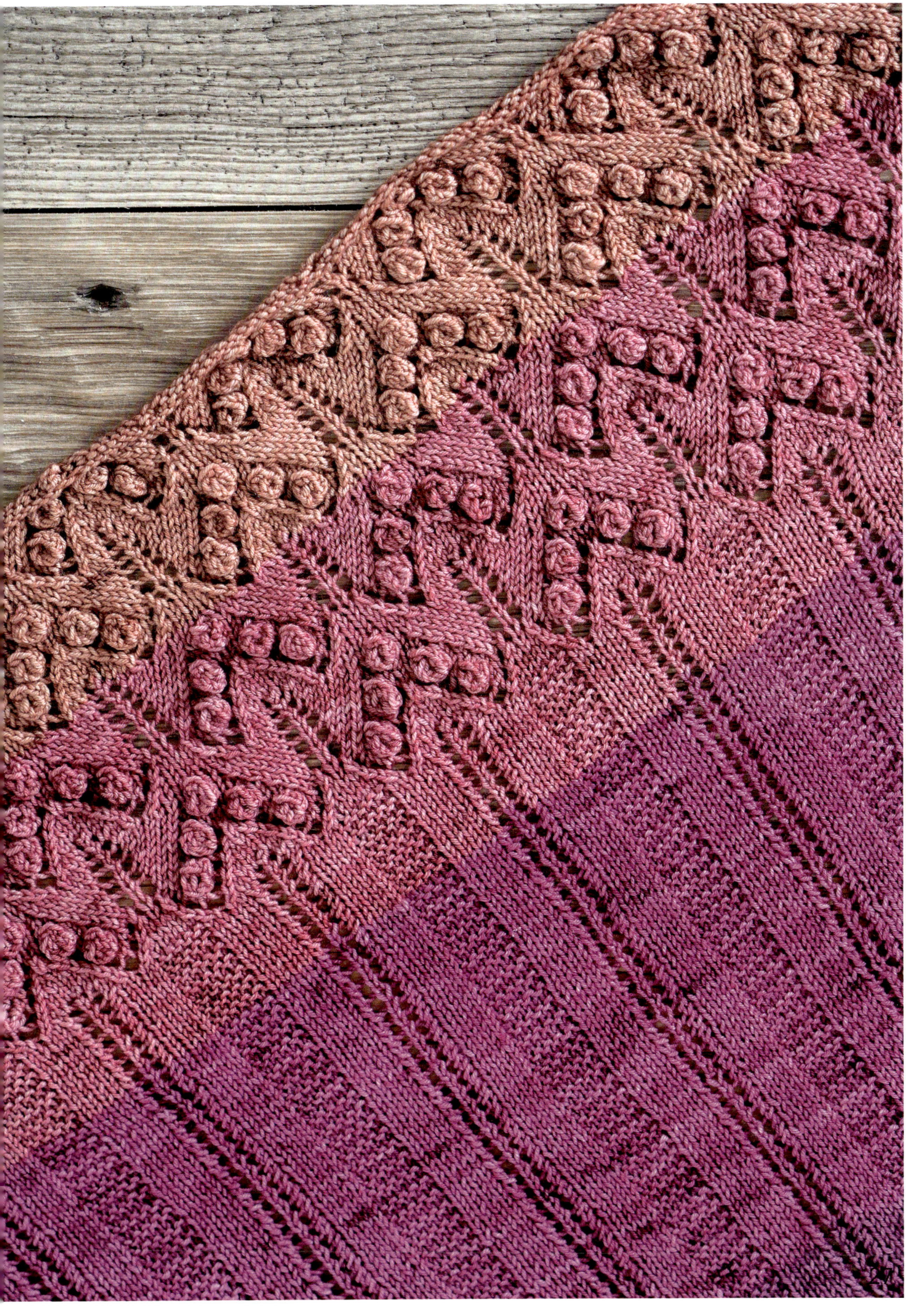

Noppenzopf

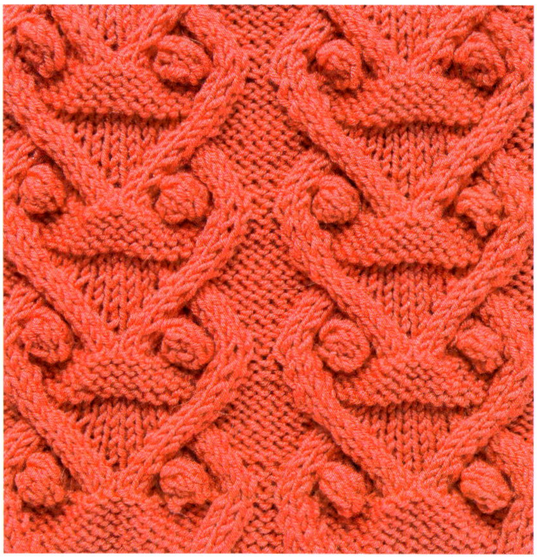

Schwierigkeitsgrad mittel
Kategorie Noppen mit Zopfmustern

Maschenzahl teilbar durch 26 + 2 + 2 Randmaschen.

STRICKEN NACH MUSTERBESCHREIBUNG

1. Reihe (Hinreihe): RandM, 1 M links, * 3 M links, 1 M auf eine Hilfsnadel hinter die Arbeit legen, 3 M rechts, dann die M der Hilfsnadel links stricken, 12 M links, 3 M auf eine Hilfsnadel vor die Arbeit legen, 1 M links, dann die 3 M der Hilfsnadel rechts stricken, 3 M links; ab * stets wiederholen, 1 M links, RandM.
2. Reihe (Rückreihe) und alle folgenden Rückreihen: Alle M zwischen den RandM stricken, wie sie erscheinen.
3. Reihe: RandM, 1 M links, * 2 M links, 1 M auf eine Hilfsnadel hinter die Arbeit legen, 3 M rechts, dann die M der Hilfsnadel links stricken, 14 M links, 3 M auf eine Hilfsnadel vor die Arbeit legen, 1 M links, dann die 3 M der Hilfsnadel rechts stricken, 2 M links; ab * stets wiederholen, 1 M links, RandM.
5. Reihe: RandM, 1 M links, * 1 M links, 1 M auf eine Hilfsnadel hinter die Arbeit legen, 3 M rechts, dann die M der Hilfsnadel rechts stricken, 16 M rechts, 3 M auf eine Hilfsnadel vor die Arbeit legen, 1 M rechts, dann die 3 M der Hilfsnadel rechts stricken, 1 M links; ab * stets wiederholen, 1 M links, RandM.
7. Reihe: RandM, 1 M links, * 1 M links, 3 M auf eine Hilfsnadel vor die Arbeit legen, 1 M links, dann die 3 M der Hilfsnadel rechts stricken, 2 M rechts, 1 Noppe (= 5 M aus dem Querfaden herausstricken (= *1 M rechts, 1 Umschlag im Wechsel*); Arbeit wenden, 5 M links; Arbeit wenden, 5 M rechts; Arbeit wenden, 5 M links; Arbeit wenden, 5 M rechts überzogen zusammen (= *2 M gemeinsam wie zum Rechtsstricken abheben, 3 M rechts zusammen, dann die beiden abgehobenen M zusammen überziehen*); dann die folgende M über die letzte M der Noppe ziehen), 2 M rechts, 1 M auf eine Hilfsnadel hinter die Arbeit legen, 3 M rechts, dann die M der Hilfsnadel rechts stricken, 3 M auf eine Hilfsnadel vor die Arbeit legen, 1 M rechts, dann die 3 M der Hilfsnadel rechts stricken, 2 M rechts, 1 Noppe, 2 M rechts, 1 M auf eine Hilfsnadel hinter die Arbeit legen, 3 M rechts, dann die M der Hilfsnadel links stricken, 1 M links; ab * stets wiederholen, 1 M links, RandM.
9. Reihe: RandM, 1 M links, * 2 M links, 3 M auf eine Hilfsnadel vor die Arbeit legen, 1 M links, dann die 3 M der Hilfsnadel rechts stricken, 2 M rechts, 1 M auf eine Hilfsnadel hinter die Arbeit legen, 3 M rechts, dann die M der Hilfsnadel rechts stricken, 2 M rechts, 3 M auf eine Hilfsnadel vor die Arbeit legen, 1 M rechts, dann die 3 M der Hilfsnadel rechts stricken, 2 M rechts, 1 M auf eine Hilfsnadel hinter die Arbeit legen, 3 M rechts, dann die M der Hilfsnadel links stricken, 2 M links; ab * stets wiederholen, 1 M links, RandM.
11. Reihe: RandM, 1 M links, * 3 M links, 3 M auf eine Hilfsnadel vor die Arbeit legen, 1 M links, dann die 3 M der Hilfsnadel rechts stricken, 1 M auf eine Hilfsnadel hinter die Arbeit legen, 3 M rechts, dann die M der Hilfsnadel rechts stricken, 4 M rechts, 3 M auf eine Hilfsnadel vor die Arbeit legen, 1 M rechts, dann die 3 M der Hilfsnadel rechts stricken, 1 M auf eine Hilfsnadel hinter die Arbeit legen, 3 M rechts,

dann die M der Hilfsnadel links stricken, 3 M links; ab * stets wiederholen, 1 M links, RandM.
13. Reihe: RandM, 1 M links, * 4 M links, 3 M auf eine Hilfsnadel hinter die Arbeit legen, 3 M rechts, dann die 3 M der Hilfsnadel rechts stricken, 6 M rechts, 3 M auf eine Hilfsnadel vor die Arbeit legen, 3 M rechts, dann die 3 M der Hilfsnadel rechts stricken, 4 M links; ab * stets wiederholen, 1 M links, RandM.

Die 1. – 14. Reihe stets wiederholen.

STRICKEN NACH STRICKSCHRIFT

In der Strickschrift sind nur die Hinreihen des Höhenrapportes notiert. Die Maschen sind so bezeichnet, wie sie gestrickt werden.

In den Hinreihen mit der RandM und der M vor dem linken Pfeil beginnen, den Rapport von 26 M zwischen den Pfeilen stets wiederholen und mit der M und der RandM nach dem linken Pfeil enden.

In den Rückreihen die M stricken, wie sie erscheinen.

Die 1. – 14. Reihe stets wiederholen.

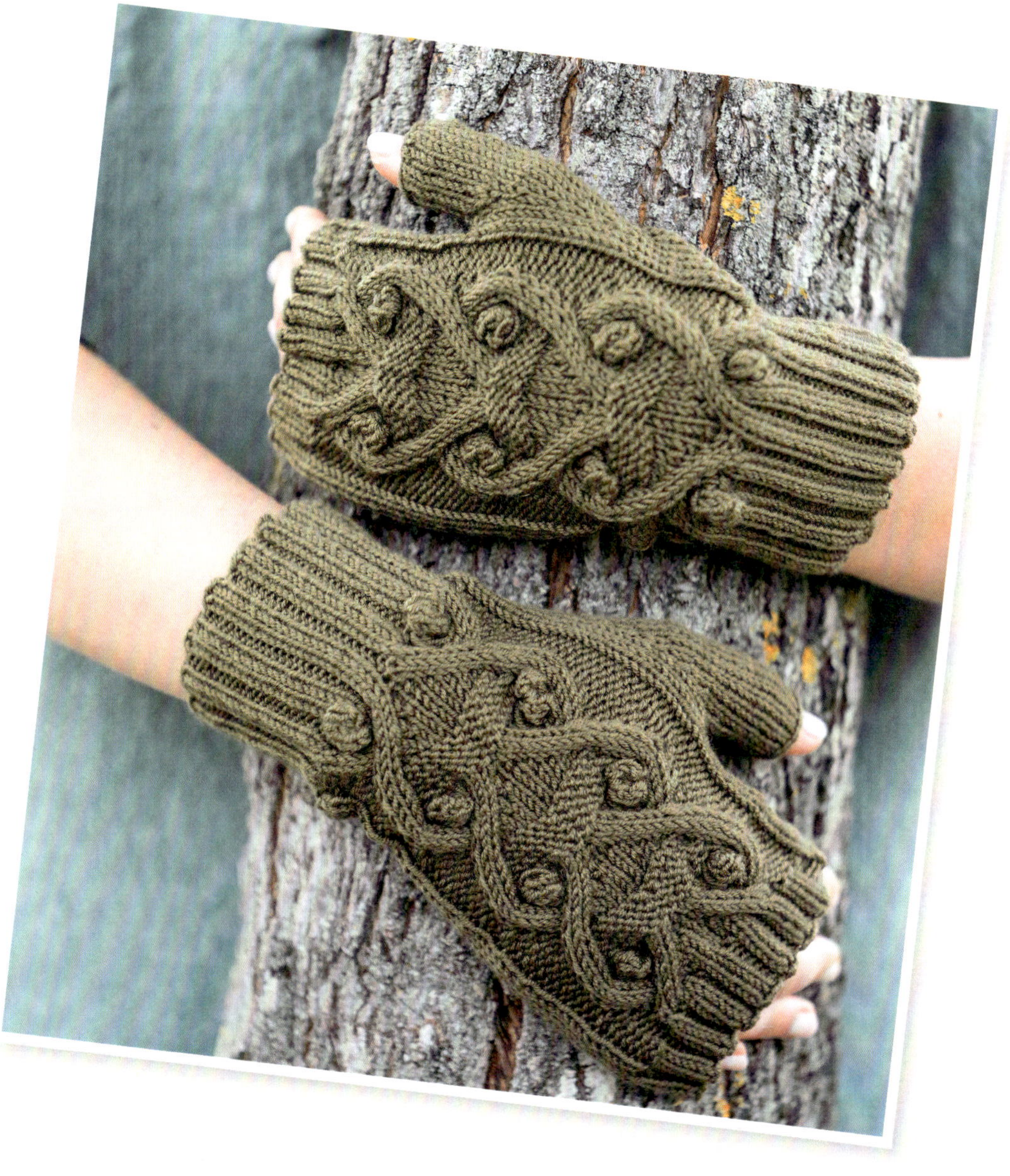

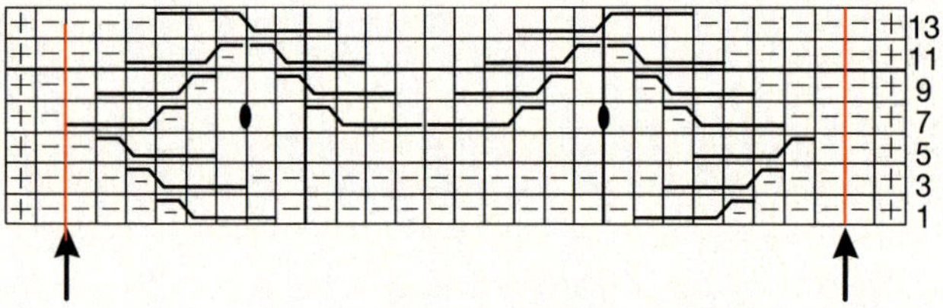

Zeichenerklärung:

⊞ = Randmasche

□ = 1 Masche rechts

⊟ = 1 Masche links

● = 1 Noppe (= 5 Maschen aus dem Querfaden herausstricken (= *1 Masche rechts, 1 Umschlag im Wechsel*); Arbeit wenden, 5 Maschen links; Arbeit wenden, 5 Maschen rechts; Arbeit wenden, 5 Maschen links; Arbeit wenden, 5 Maschen rechts überzogen zusammenstricken (= *2 Maschen gemeinsam wie zum Rechtsstricken abheben, 3 Maschen rechts zusammenstricken, dann die beiden abgehobenen Maschen zusammen überziehen*); dann die folgende Masche über die letzte Masche der Noppe ziehen)

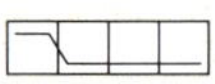 = 3 Maschen auf eine Hilfsnadel vor die Arbeit legen, 1 Masche rechts stricken, dann die 3 Maschen der Hilfsnadel rechts stricken

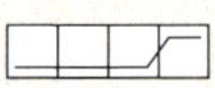 = 1 Masche auf eine Hilfsnadel hinter die Arbeit legen, 3 Maschen rechts stricken, dann die Masche der Hilfsnadel rechts stricken

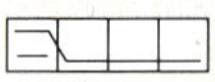 = 3 Maschen auf eine Hilfsnadel vor die Arbeit legen, 1 Masche links stricken, dann die 3 Maschen der Hilfsnadel rechts stricken

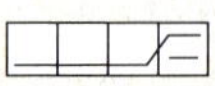 = 1 Masche auf eine Hilfsnadel hinter die Arbeit legen, 3 Maschen rechts stricken, dann die Masche der Hilfsnadel links stricken

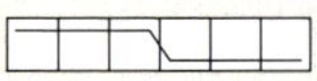 = 3 Maschen auf eine Hilfsnadel vor die Arbeit legen, 3 Maschen rechts stricken, dann die 3 Maschen der Hilfsnadel rechts stricken

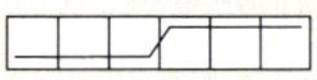 = 3 Maschen auf eine Hilfsnadel hinter die Arbeit legen, 3 Maschen rechts stricken, dann die 3 Maschen der Hilfsnadel rechts stricken

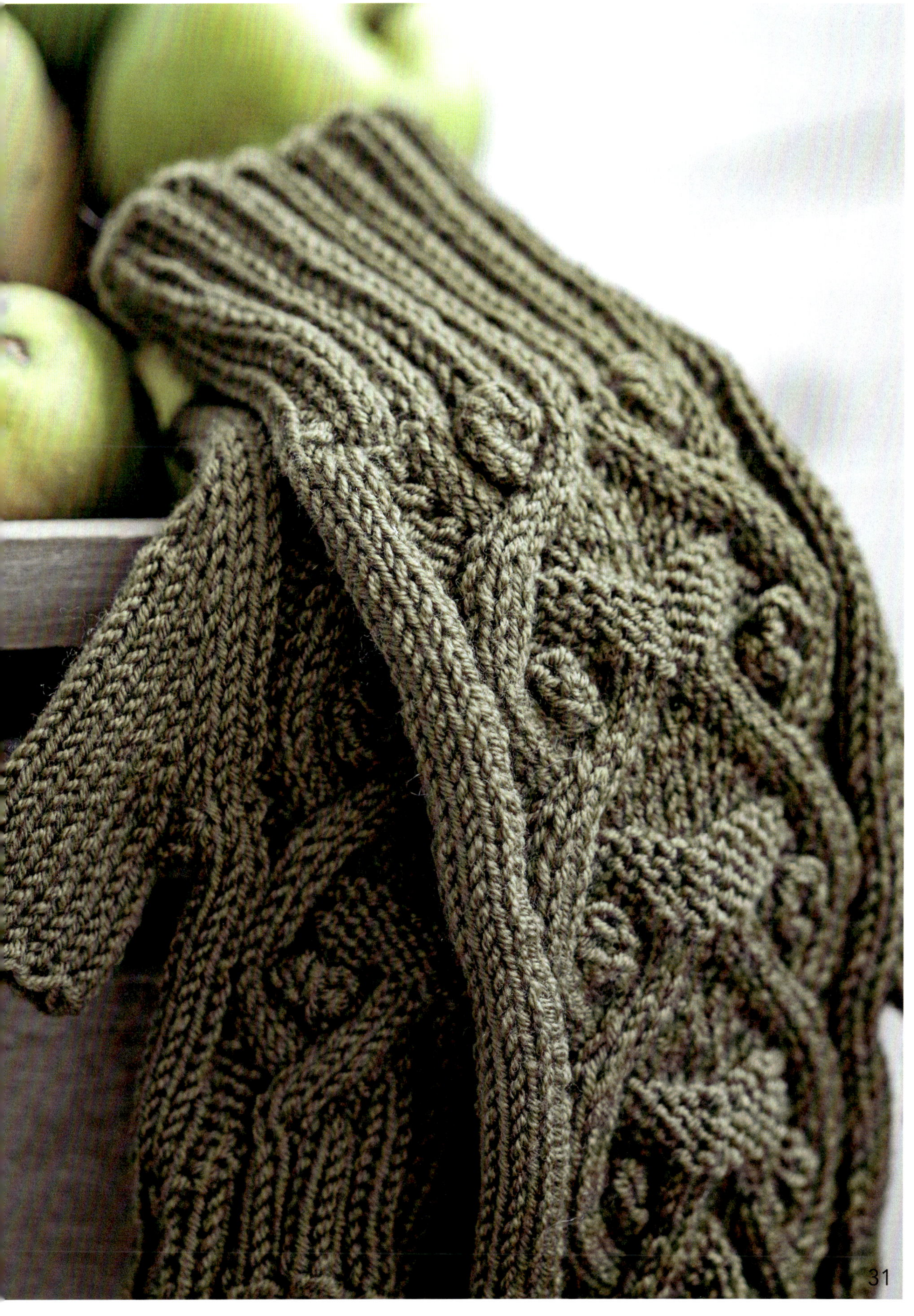

Kleine überzogene Noppen

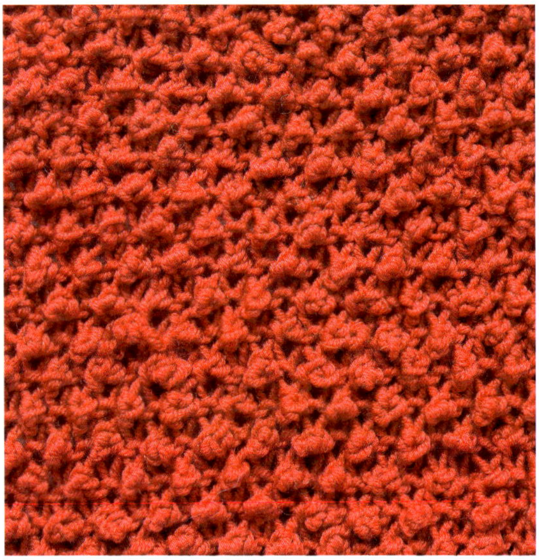

Schwierigkeitsgrad mittel
Kategorie zusammengestrickte Maschen

Maschenzahl teilbar durch 2 + 2 Randmaschen.

STRICKEN NACH MUSTERBESCHREIBUNG

Hinweis: Noppen in den Rückreihen stricken, sie erscheinen jedoch auf der Vorderseite.

1. Reihe (Hinreihe): RandM, alle M rechts, RandM.
2. Reihe (Rückreihe): RandM, * 1 Noppe (= 4 M aus 1 M herausstricken (= *1 M links, 1 M rechts im Wechsel*); dann die 3., 2. und 1. M über die 4. M ziehen), 1 M rechts; ab * stets wiederholen, RandM.
3. Reihe: RandM, alle M rechts, RandM.
4. Reihe: RandM, * 1 M rechts, 1 Noppe; ab * stets wiederholen, RandM.

Die 1. – 4. Reihe stets wiederholen.

STRICKEN NACH STRICKSCHRIFT

In der Strickschrift sind alle Reihen des Höhenrapportes notiert. Die Maschen sind so bezeichnet, wie sie gestrickt werden.

<u>In den Hinreihen</u> mit der RandM vor dem rechten Pfeil beginnen, den Rapport von 2 M zwischen den Pfeilen stets wiederholen und mit der RandM nach dem linken Pfeil enden.

<u>In den Rückreihen</u> die Strickschrift entsprechend von links nach rechts lesen.

Die 1. – 4. Reihe stets wiederholen.

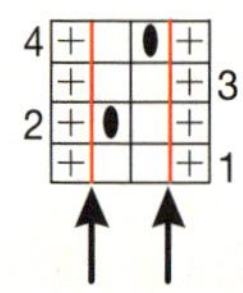

Zeichenerklärung:

⊞ = **Randmasche**
☐ = **1 Masche rechts**
◙ = **1 Noppe (= 4 Masche aus 1 Masche herausstricken (= *1 Masche links, 1 Masche rechts im Wechsel*); dann die 3., 2. und 1. Masche über die 4. Masche ziehen)**

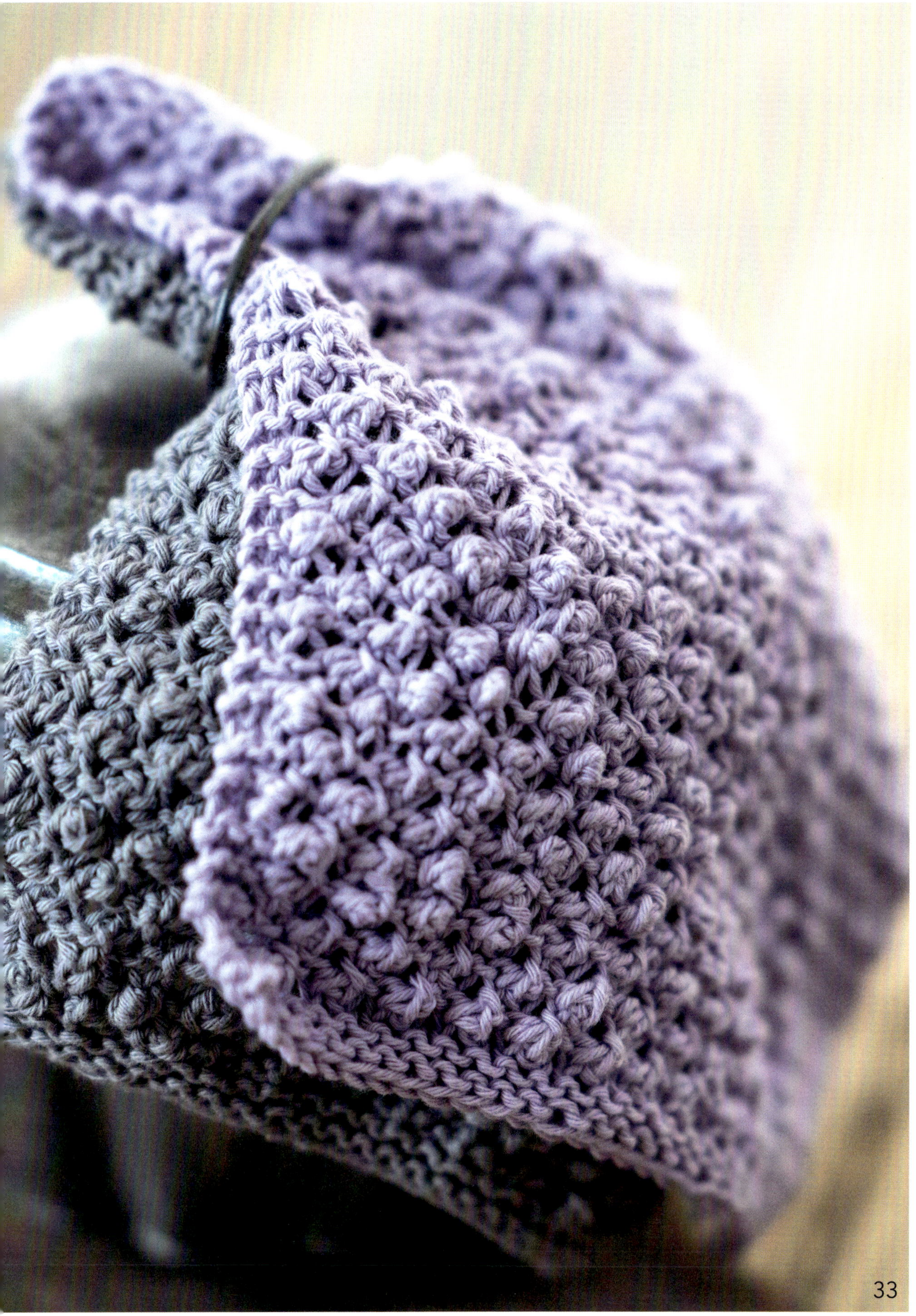

Rechtsgestrickte Noppen

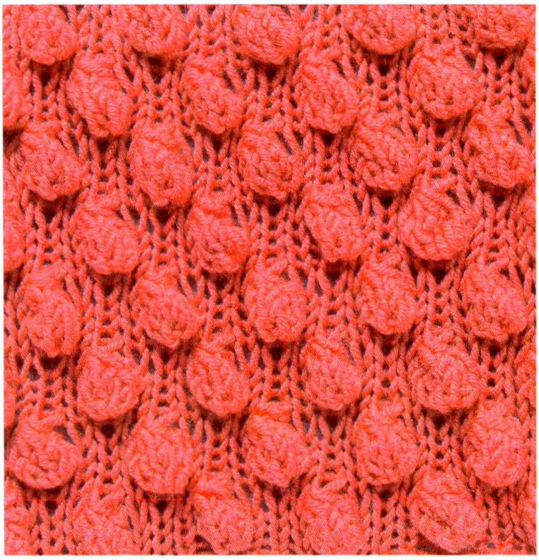

Schwierigkeitsgrad mittel
Kategorie Noppen

Maschenzahl teilbar durch 4 + 3 + 2 Randmaschen.

STRICKEN NACH MUSTERBESCHREIBUNG

1. Reihe (Hinreihe): RandM, alle M rechts, RandM.
2. Reihe (Rückreihe) und alle folgenden Rückreihen: RandM, alle M links, RandM.
3. Reihe: RandM, * 1 M rechts, 1 Noppe (= 5 M aus 1 M herausstricken (= *1 M rechts, 1 Umschlag im Wechsel*); Arbeit wenden, 5 M links; Arbeit wenden, 5 M rechts; Arbeit wenden, 5 M links; Arbeit wenden, 5 M rechts zusammen), 2 M rechts; ab * stets wiederholen, 1 M rechts, 1 Noppe, 1 M rechts, RandM.
5. Reihe: Wie die 1. Reihe arbeiten.
7. Reihe: RandM, * 3 M rechts, 1 Noppe; ab * stets wiederholen, 3 M rechts, RandM.

Die 1. – 8. Reihe stets wiederholen.

STRICKEN NACH STRICKSCHRIFT

In der Strickschrift sind nur die Hinreihen des Höhenrapportes notiert. Die Maschen sind so bezeichnet, wie sie gestrickt werden.

In den Hinreihen mit der RandM beginnen, den Rapport von 4 M zwischen den Pfeilen stets wiederholen und mit den M und der RandM nach dem linken Pfeil enden.

In den Rückreihen alle M zwischen den RandM links stricken.

Die 1. – 8. Reihe stets wiederholen.

Farbvariante:
Alle Reihen in der Grundfarbe stricken, nur die Noppen in den Noppenreihen in der jeweiligen Akzentfarbe arbeiten, dabei den nicht in Arbeit befindlichen Faden mit gleichmäßig Fadenspannung locker mitführen.

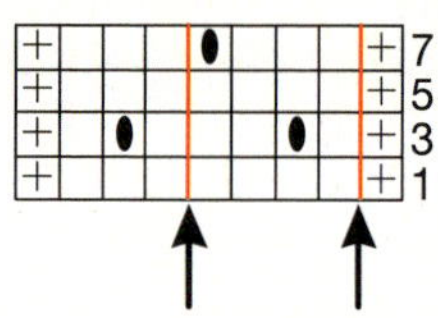

Zeichenerklärung:
- **= Randmasche**
- **= 1 Masche rechts**
- **= 1 Noppe (= 5 Masche aus 1 Masche herausstricken (= *1 Masche rechts, 1 Umschlag im Wechsel*); Arbeit wenden, 5 Maschen links; Arbeit wenden, 5 Maschen rechts; Arbeit wenden, 5 Maschen links; Arbeit wenden, 5 Maschen rechts zusammenstricken)**

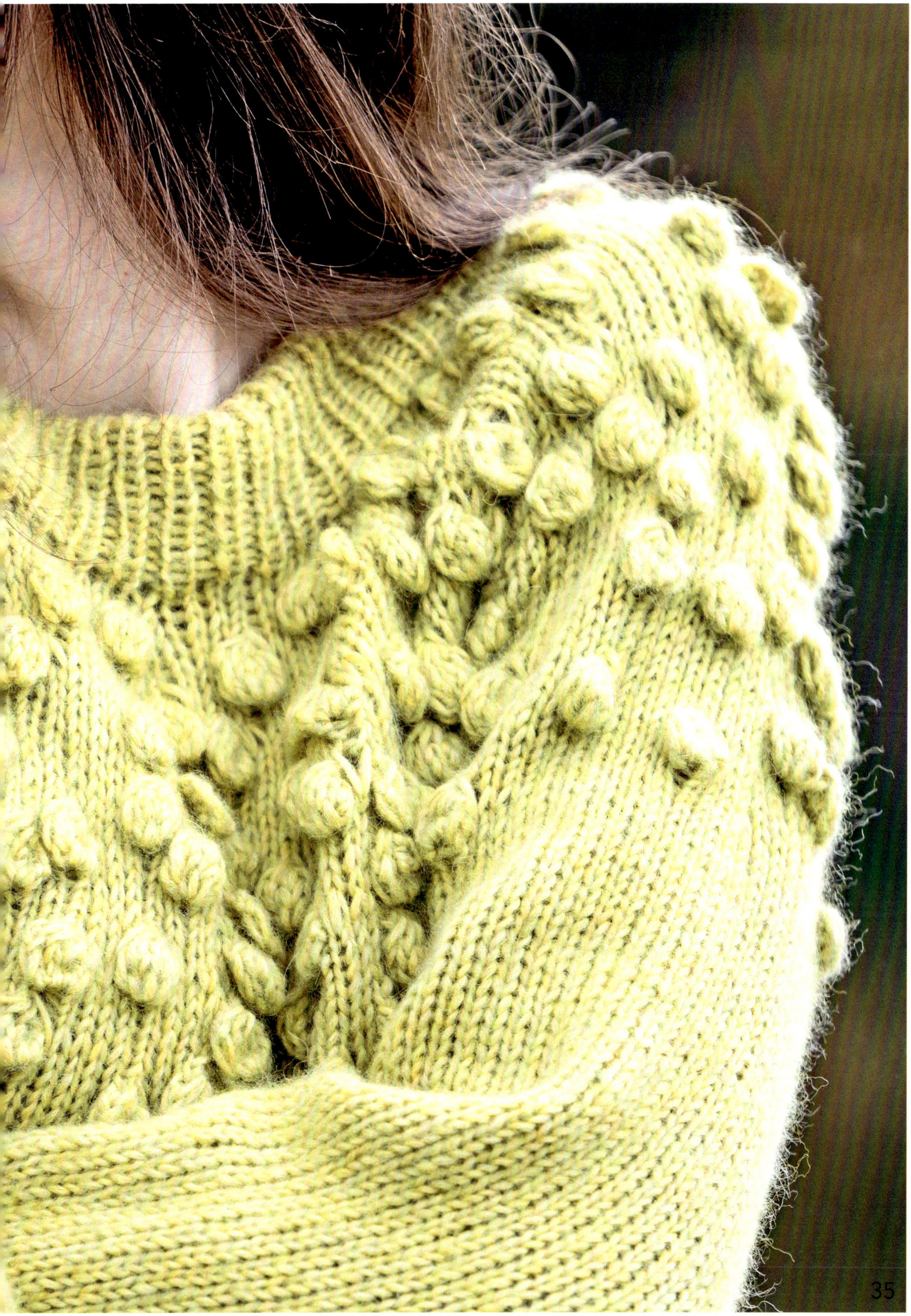

Linksgestrickte Noppen

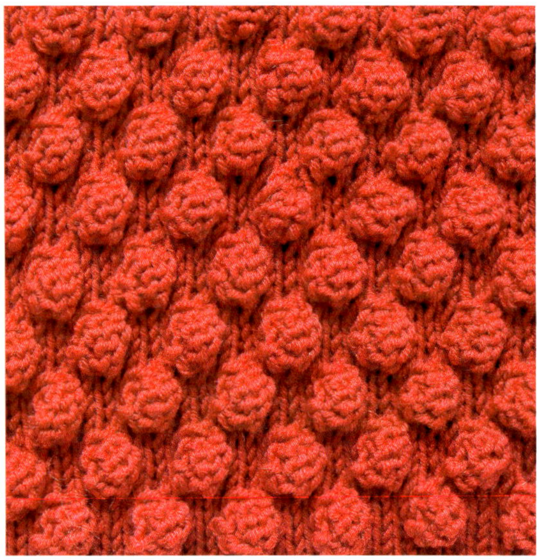

Schwierigkeitsgrad mittel
Kategorie Noppen

Maschenzahl teilbar durch 4 + 3 + 2 Randmaschen.

STRICKEN NACH MUSTERBESCHREIBUNG

1. Reihe (Hinreihe): RandM, alle M rechts, RandM.
2. Reihe (Rückreihe) und alle folgenden Rückreihen: RandM, alle M links, RandM.
3. Reihe: RandM, * 1 M rechts, 1 Noppe (= 5 M aus 1 M herausstricken (= *1 M links, 1 Umschlag im Wechsel*); Arbeit wenden, 5 M rechts; Arbeit wenden, 5 M links; Arbeit wenden, 5 M rechts; Arbeit wenden, 5 M links zusammen), 2 M rechts; ab * stets wiederholen, 1 M rechts, 1 Noppe, 1 M rechts, RandM.
5. Reihe: RandM, alle M rechts, RandM.
7. Reihe: RandM, * 3 M rechts, 1 Noppe; ab * stets wiederholen, 3 M rechts, RandM.

Die 1. – 8. Reihe stets wiederholen.

STRICKEN NACH STRICKSCHRIFT

In der Strickschrift sind nur die Hinreihen des Höhenrapportes notiert. Die Maschen sind so bezeichnet, wie sie gestrickt werden.

In den Hinreihen mit der RandM beginnen, den Rapport von 4 M zwischen den Pfeilen stets wiederholen und mit den M und der RandM nach dem linken Pfeil enden.

In den Rückreihen alle M zwischen den RandM links stricken.

Die 1. – 8. Reihe stets wiederholen.

Alle Reihen in der Grundfarbe stricken, nur die Noppen in den Noppenreihen in der jeweiligen Akzentfarbe arbeiten, dabei den nicht in Arbeit befindlichen Faden mit gleichmäßig Fadenspannung locker mitführen.

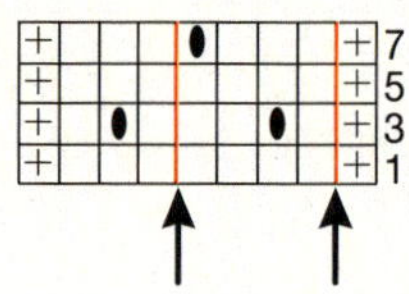

Zeichenerklärung:

⊞ **= Randmasche**
☐ **= 1 Masche rechts**
● **= 1 Noppe (= 5 Masche aus 1 Masche herausstricken (= *1 Masche links, 1 Umschlag im Wechsel*); Arbeit wenden, 5 Maschen rechts; Arbeit wenden, 5 Maschen links; Arbeit wenden, 5 Maschen rechts; Arbeit wenden, 5 Maschen links zusammenstricken)**

Aufgestrickte Noppen

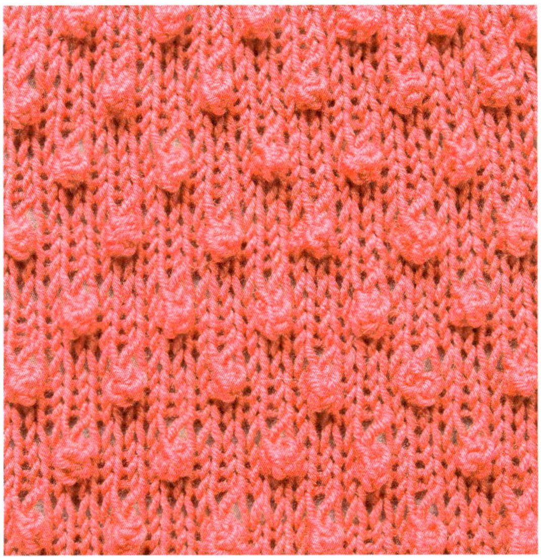

Schwierigkeitsgrad mittel
Kategorie kleine Noppen

Maschenzahl teilbar durch 4 + 3 + 2 Randmaschen.

STRICKEN NACH MUSTERBESCHREIBUNG

1. Reihe (Hinreihe): RandM, alle M rechts, RandM.
2. Reihe (Rückreihe) und alle folgenden Rückreihen: RandM, alle M links, RandM.
3. Reihe: RandM, * 3 M rechts, 1 Noppe (= * mit der rechten Nadel nach der 1. M der linken Nadel von vorn nach hinten einstechen, den Faden holen und auf die linke Nadel legen; ab * noch 2x wiederholen, 3 M abketten); ab * stets wiederholen, 3 M rechts, RandM.
5. Reihe: Wie die 1. Reihe arbeiten.
7. Reihe: RandM, * 1 M rechts, 1 Noppe, 2 M rechts; ab * stets wiederholen, 1 M rechts, 1 Noppe, 1 M rechts, RandM.

Die 1. – 8. Reihe stets wiederholen.

STRICKEN NACH STRICKSCHRIFT

In der Strickschrift sind nur die Hinreihen des Höhenrapportes notiert. Die Maschen sind so bezeichnet, wie sie gestrickt werden.

In den Hinreihen mit der RandM beginnen, den Rapport von 4 M zwischen den Pfeilen stets wiederholen und mit den M und der RandM nach dem linken Pfeil enden.

In den Rückreihen alle M zwischen den RandM links stricken.

Die 1. – 8. Reihe stets wiederholen.

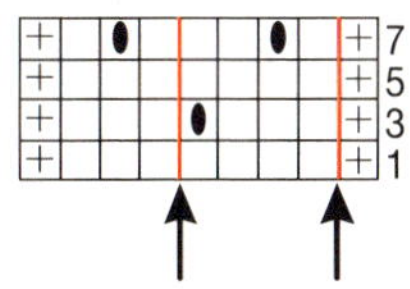

Zeichenerklärung:

- **= Randmasche**
- **= 1 Masche rechts**
- **= 1 Noppe (= * mit der rechten Nadel nach der 1. Masche der linken Nadel von vorn nach hinten einstechen, den Faden holen und auf die linke Nadel legen; ab * 3x arbeiten, 3 Maschen abketten)**

Noppengitter

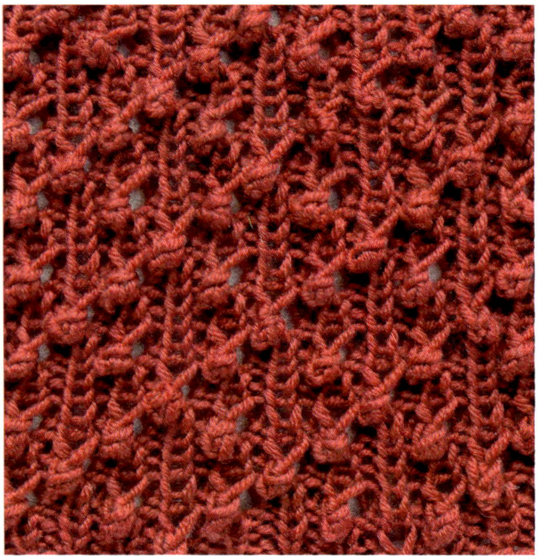

Schwierigkeitsgrad mittel
Kategorie kleine Noppen

Maschenzahl teilbar durch 8 + 3 + 2 Randmaschen.

STRICKEN NACH MUSTERBESCHREIBUNG

1. Reihe (Hinreihe): RandM, 1 M links, * 1 Noppe (= 3 M aus 1 M herausstricken (= *1 M rechts, 1 M rechts verschränkt, 1 M rechts*), Arbeit wenden; 3 M links, Arbeit wenden; dann nacheinander die 2. über die 1. M und dann die 3. über die 1. M ziehen), [1 M links, 1 M rechts] 3x, 1 M links; ab * stets wiederholen, 1 Noppe, 1 M links, RandM.
2. Reihe (Rückreihe) und alle folgenden Rückreihen: RandM, * 1 M rechts, 1 M links; ab * stets wiederholen, 1 M rechts, RandM.
3. Reihe: RandM, * 1 M links, 1 M rechts, 1 M links, 1 Noppe; ab * stets wiederholen, 1 M links, 1 M rechts, 1 M links, RandM.
5. Reihe: RandM, 1 M links, * [1 M rechts, 1 M links] 2x, 1 Noppe, 1 M links, 1 M rechts, 1 M links; ab * stets wiederholen, 1 M rechts, 1 M links, RandM.
7. Reihe: Wie die 3. Reihe arbeiten.

Die 1. – 8. Reihe stets wiederholen.

STRICKEN NACH STRICKSCHRIFT

In der Strickschrift sind nur die Hinreihen des Höhenrapportes notiert. Die Maschen sind so bezeichnet, wie sie gestrickt werden.

In den Hinreihen mit der RandM beginnen, den Rapport von 8 M zwischen den Pfeilen stets wiederholen und mit den M und der RandM nach dem linken Pfeil enden.

In den Rückreihen alle M zwischen den RandM stricken, wie sie erscheinen.

Die 1. – 8. Reihe stets wiederholen.

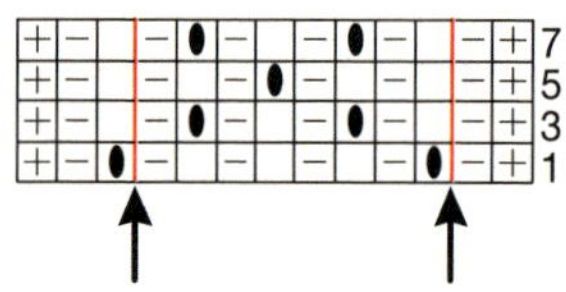

Zeichenerklärung:

[+] = Randmasche
[ ] = 1 Masche rechts
[–] = 1 Masche links
[●] = 1 Noppe (= 3 Maschen aus 1 Masche herausstricken (= *1 Masche rechts, 1 Masche rechts verschränkt, 1 Masche rechts*), Arbeit wenden; 3 Maschen links, Arbeit wenden; dann nacheinander die 2. und die 3. Masche über die 1. Masche ziehen)

Tiefgestochene flache Noppen

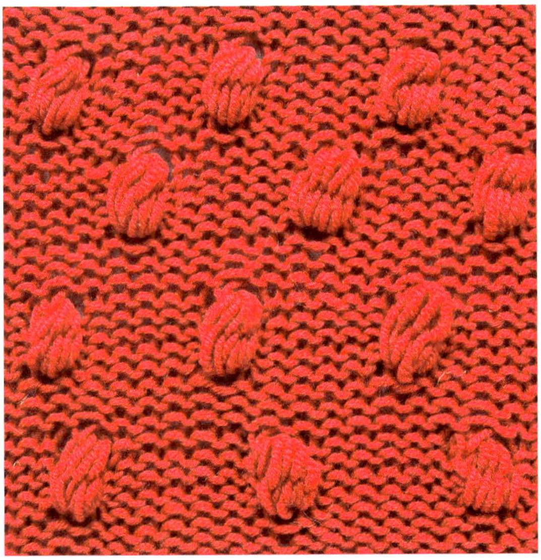

Schwierigkeitsgrad mittel
Kategorie tiefgestochene Noppen

Maschenzahl teilbar durch 6 + 2 Randmaschen.

STRICKEN NACH MUSTERBESCHREIBUNG

1. Reihe (Hinreihe): RandM, alle M links, RandM.
2. Reihe (Rückreihe): RandM, alle M rechts, RandM.
3. - 6. Reihe: Wie die 1. und 2. Reihe arbeiten.
7. Reihe: RandM, 1 M links, * 5 M links, 1 Noppe (= * zwischen den M um den Querfaden 4 R tiefer von vorn nach hinten einstechen, den Faden holen und auf die linke Nadel legen, 1 M rechts; ab * 5x arbeiten, Arbeit wenden; diese 5 Schlingen und die folgende M links zusammenstricken, Arbeit wenden; die M auf die rechte Nadel legen); ab * stets wiederholen, 6 M links, RandM.
8. Reihe: Alle M rechts.
9. - 14. Reihe: Wie die 1. und 2. Reihe arbeiten.
15. Reihe: RandM, 1 M links, * 2 M links, 1 Noppe, 3 M links; ab * stets wiederholen, 2 M links, 1 Noppe, 2 M links, RandM.
16. Reihe: Alle M rechts.

Die 1. – 16. Reihe stets wiederholen.

STRICKEN NACH STRICKSCHRIFT

In der Strickschrift sind nur die Hinreihen des Höhenrapportes notiert. Die Maschen sind so bezeichnet, wie sie gestrickt werden.

In den Hinreihen mit der RandM und der M vor dem rechten Pfeil beginnen, den Rapport von 6 M zwischen den Pfeilen stets wiederholen und mit den M und der RandM nach dem linken Pfeil enden.

In den Rückreihen alle M zwischen den RandM rechts stricken.

Die 1. – 16. Reihe stets wiederholen.

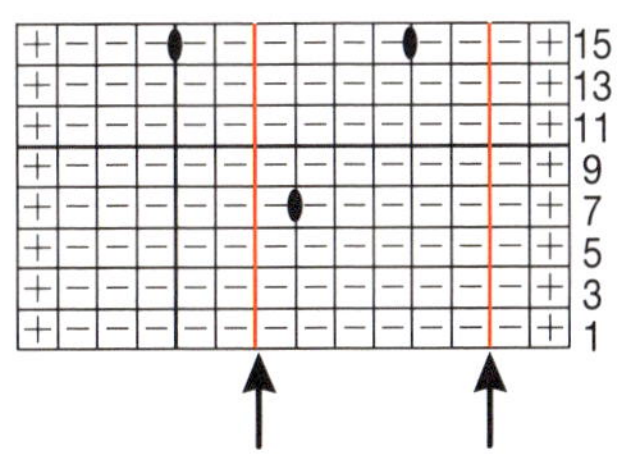

Zeichenerklärung:

- ⊞ = **Randmasche**
- ⊟ = **1 Masche links**
- ● = **1 Noppe (= * zwischen den Maschen um den Querfaden 4 Reihen tiefer von vorn nach hinten einstechen, den Faden holen und auf die linke Nadel legen, 1 Masche rechts; ab * 5x arbeiten, Arbeit wenden; diese 5 Schlingen und die folgende Masche links zusammenstricken, Arbeit wenden; die Masche auf die rechte Nadel legen)**

Kleine Noppenrauten

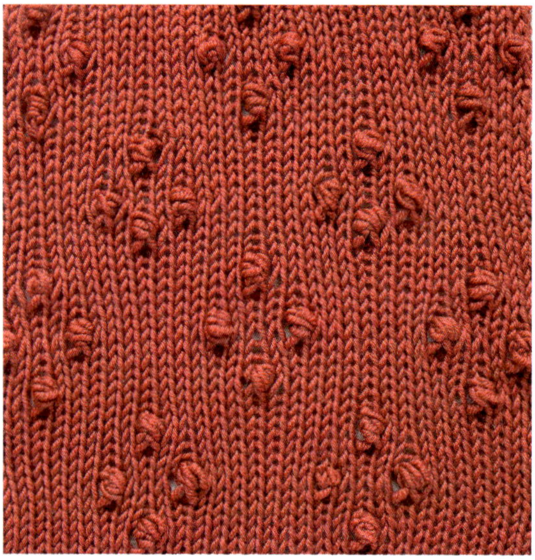

Schwierigkeitsgrad mittel
Kategorie kleine Noppen

Maschenzahl teilbar durch 12 + 7 + 2 Randmaschen.

STRICKEN NACH MUSTERBESCHREIBUNG

1. Reihe (Hinreihe): RandM, alle M rechts, RandM.
2. Reihe (Rückreihe) und alle folgenden Rückreihen: RandM, alle M links, RandM.
3. Reihe: RandM, * 3 M rechts, 1 Noppe (= 7 M aus 1 M herausstricken (= *1 M rechts, 1 Umschlag im Wechsel*), dann nacheinander die 2. über die 1. M ziehen, dann die 3. über die 1. ziehen, usw., dann die M auf die rechte Nadel legen), 8 M rechts; ab * stets wiederholen, 3 M rechts, 1 Noppe, 3 M rechts, RandM.
5. Reihe: Wie die 1. Reihe arbeiten.
7. Reihe: RandM, * 1 M rechts, 1 Noppe, 3 M re, 1 Noppe, 6 M rechts; ab * stets wiederholen, 1 M rechts, 1 Noppe, 3 M re, 1 Noppe, 1 M rechts, RandM.
9. Reihe: Wie die 1. Reihe arbeiten.
11. Reihe: RandM, * 3 M rechts, 1 Noppe, 8 M rechts; ab * stets wiederholen, 3 M rechts, 1 Noppe, 3 M rechts, RandM.
13. Reihe: Wie die 1. Reihe arbeiten.
15. Reihe: RandM, * 9 M rechts, 1 Noppe, 2 M rechts; ab * stets wiederholen, 7 M rechts, RandM.
17. Reihe: Wie die 1. Reihe arbeiten.
19. Reihe: RandM, * 7 M rechts, 1 Noppe, 3 M re, 1 Noppe; ab * stets wiederholen, 7 M rechts, RandM.
21. Reihe: Wie die 1. Reihe arbeiten.
23. Reihe: RandM, * 9 M rechts, 1 Noppe, 2 M rechts; ab * stets wiederholen, 7 M rechts, RandM.

Die 1. – 24. Reihe stets wiederholen.

STRICKEN NACH STRICKSCHRIFT

In der Strickschrift sind nur die Hinreihen des Höhenrapportes notiert. Die Maschen sind so bezeichnet, wie sie gestrickt werden.

In den Hinreihen mit der RandM beginnen, den Rapport von 12 M zwischen den Pfeilen stets wiederholen und mit den M und der RandM nach dem linken Pfeil enden.

In den Rückreihen alle M zwischen den RandM links stricken.

Die 1. – 24. Reihe stets wiederholen.

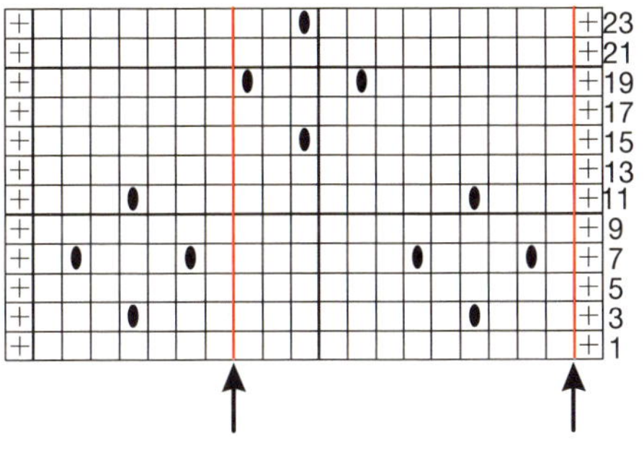

Zeichenerklärung:

[+] = Randmasche

[ ] = 1 Masche rechts

[●] = 1 Noppe (= 7 Maschen aus 1 Masche herausstricken (= *1 Masche rechts, 1 Umschlag im Wechsel*), dann nacheinander die 2. über die 1. Masche ziehen, dann die 3. über die 1. Masche, usw., dann die letzte Masche auf die rechte Nadel legen)

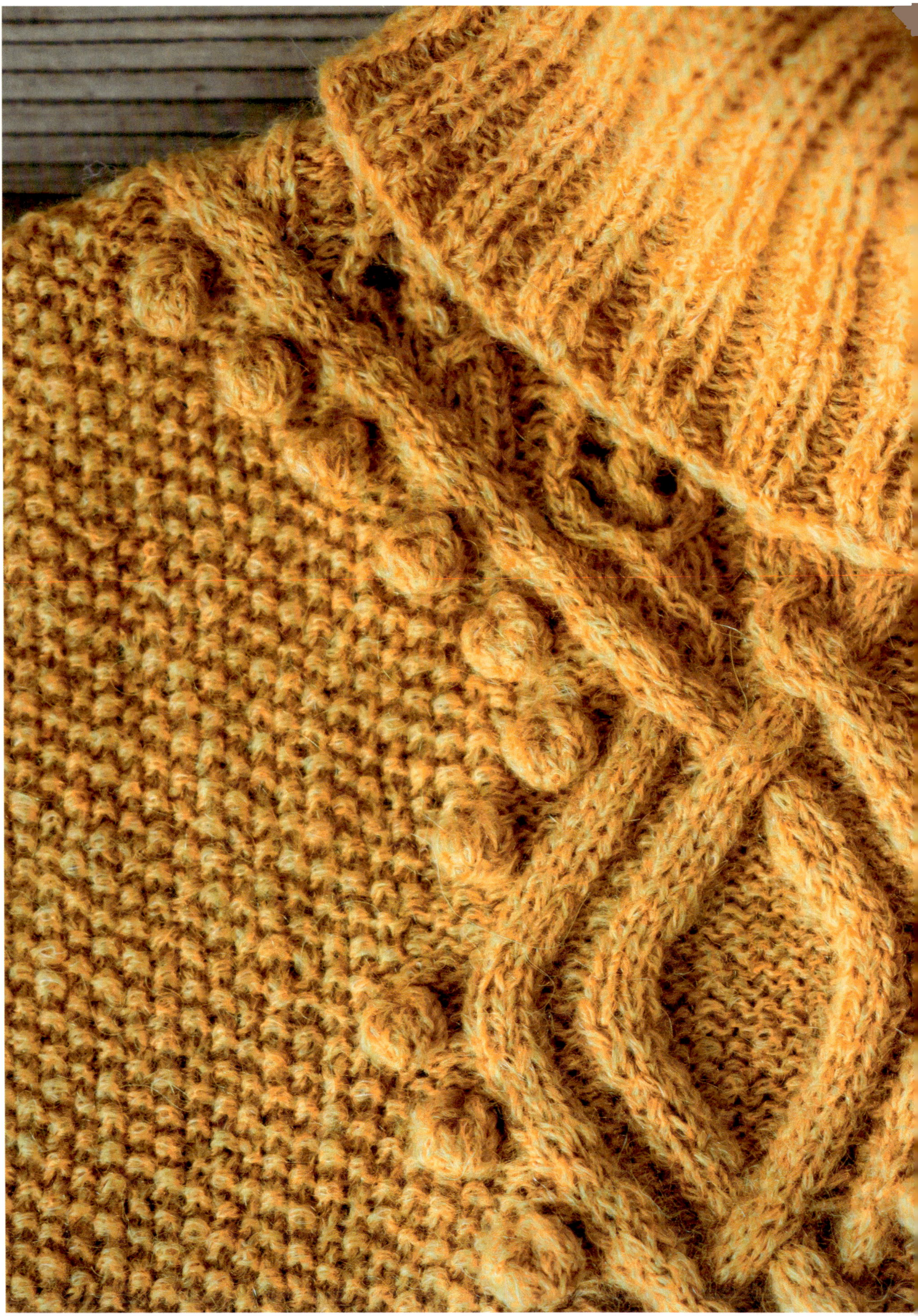

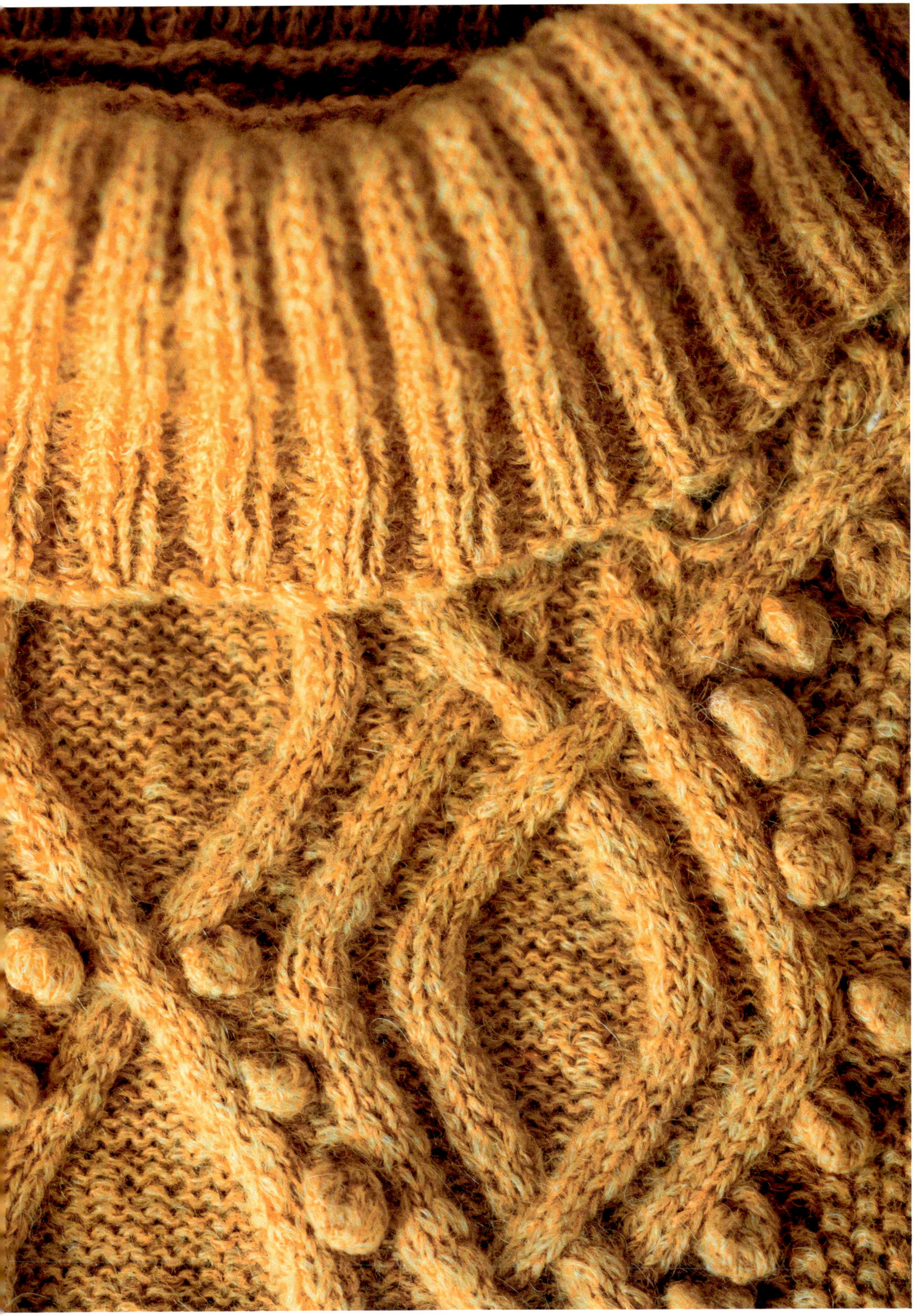

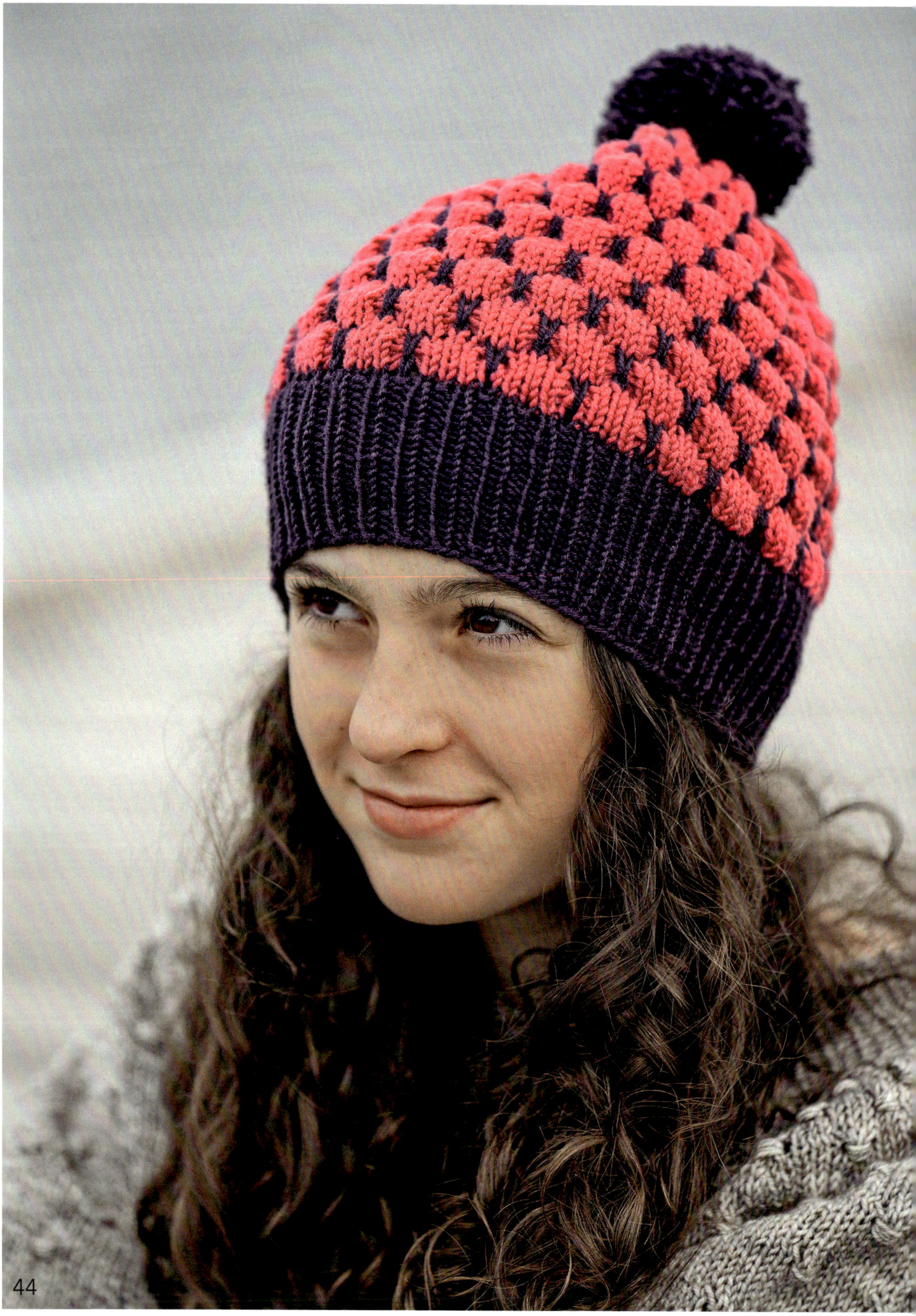

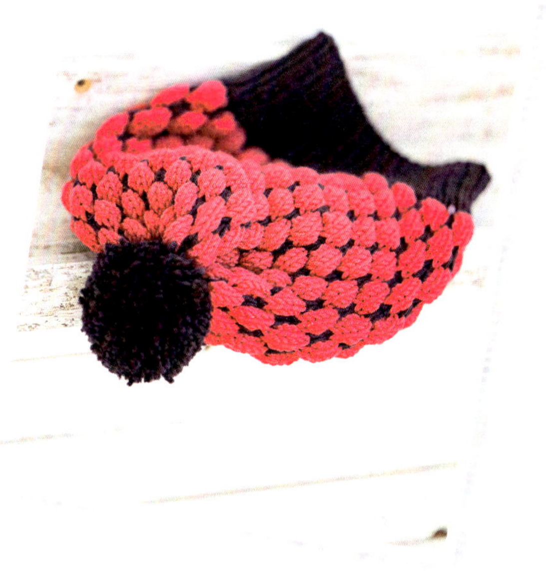

Mütze

Schwierigkeitsgrad: mittel

Warm und weich und schnell gestrickt - für die zweifarbige Mütze wurde das flächige Noppenmuster mit tiefgestochenen Maschen von Seite 12 in Runden gestrickt.

Größe:

52 – 54 cm lang, 55 – 57 cm und 58 – 60 cm Kopfumfang. Die Angaben für die größeren Größen stehen hintereinander in Klammern. Steht nur eine Angabe, so gilt diese für alle Größen.

Material:

Lana Grossa Cool Wool Big (100 % Schurwolle, LL = 120 m/50 g): je 50 (50/100) g Aubergine (Fb 991) und Kardinalrot (Fb 976); Nadelspiel in 3,5 und 4 mm; ein Pomponset.

Muster:

Rippenmuster in Runden:
1 Masche rechts, 1 Masche links im Wechsel stricken.

Bubblemuster:
1. Runde (Aubergine): Alle M rechts.
2. - 7. Runde (Kardinalrot): Alle M rechts.
8. Runde (Aubergine): * 3 M rechts, 1 tiefgestochene M (= in die M der 1. Rd einstechen und diese rechts stricken, die folgende M fallen lassen; diese löst sich bis zur 1. Rd auf); ab * stets wiederholen.
9. - 14. Runde (Kardinalrot): Alle M rechts.
15. Runde (Aubergine): * 1 M rechts, 1 tiefgestochene M (= in die M der 8. Rd einstechen und diese rechts stricken, die folgende M fallen lassen; diese löst sich bis zur 1. Rd auf), 2 M rechts; ab * stets wiederholen.
1x die 1. – 15. Runde arbeiten, dann die 2. – 15. Runde stets wiederholen.

Maschenprobe:

Bubblemuster: 20 Maschen und 43 Runden = 10 cm x 10 cm.

So wird's gemacht:

88 (92/96) M mit der dünneren Nadel in Aubergine anschlagen, gleichmäßig auf 4 Nadeln verteilen - 22 (23/24) Maschen pro Nadel. Für den Bund 6 cm = 20 Runden im Rippenmuster stricken. Dann mit der dickeren Nadel im Bubblemuster weiterarbeiten. In der 71. Rd ab Bund wie folgt in Aubergine stricken: * 3 M rechts zusammen, 1 tiefgestochene M; ab * stets wiederholen = 44 (46/48) Maschen. In der folgenden 2. Rd stets 2 M rechts zusammen = 22 (23/24) Maschen. Die restlichen 22 (23/24) M mit dem Faden zusammenziehen.

Fertigstellung: Einen Pompon mit 5 cm Durchmesser in Aubergine anfertigen und an der Mützenspitze anbringen.

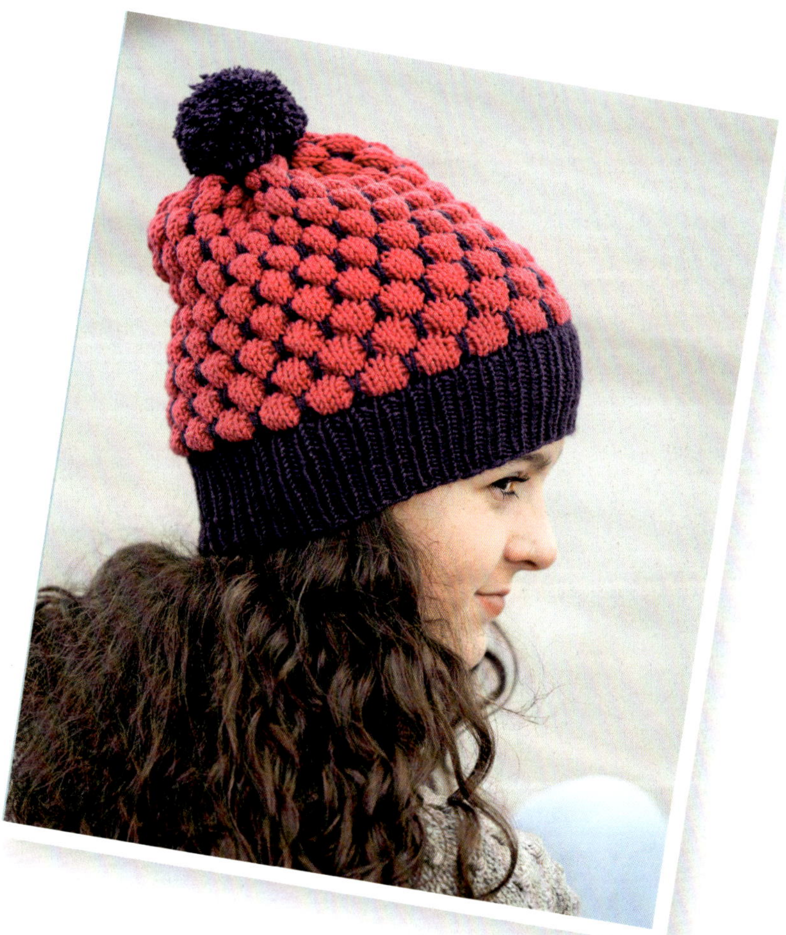

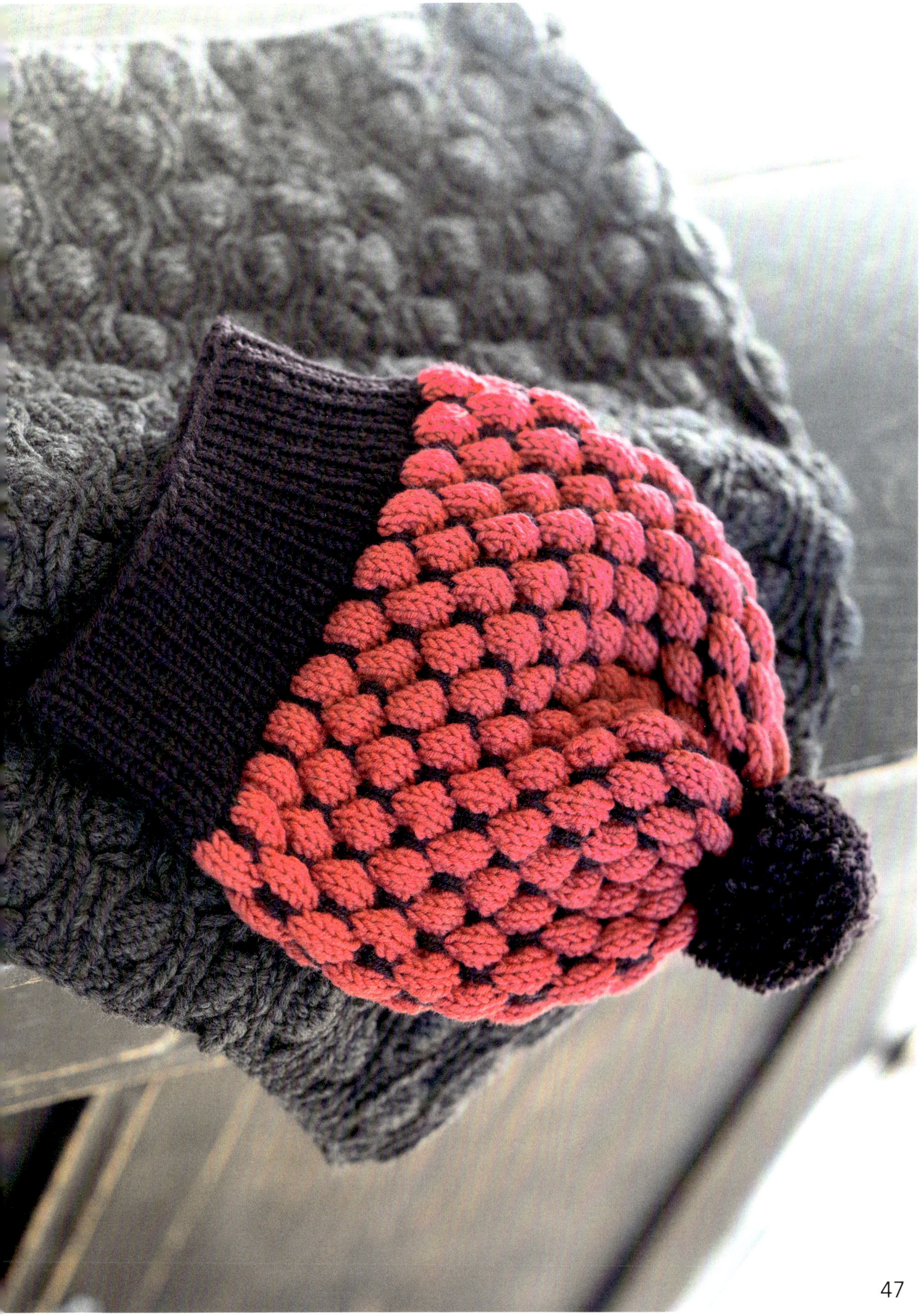

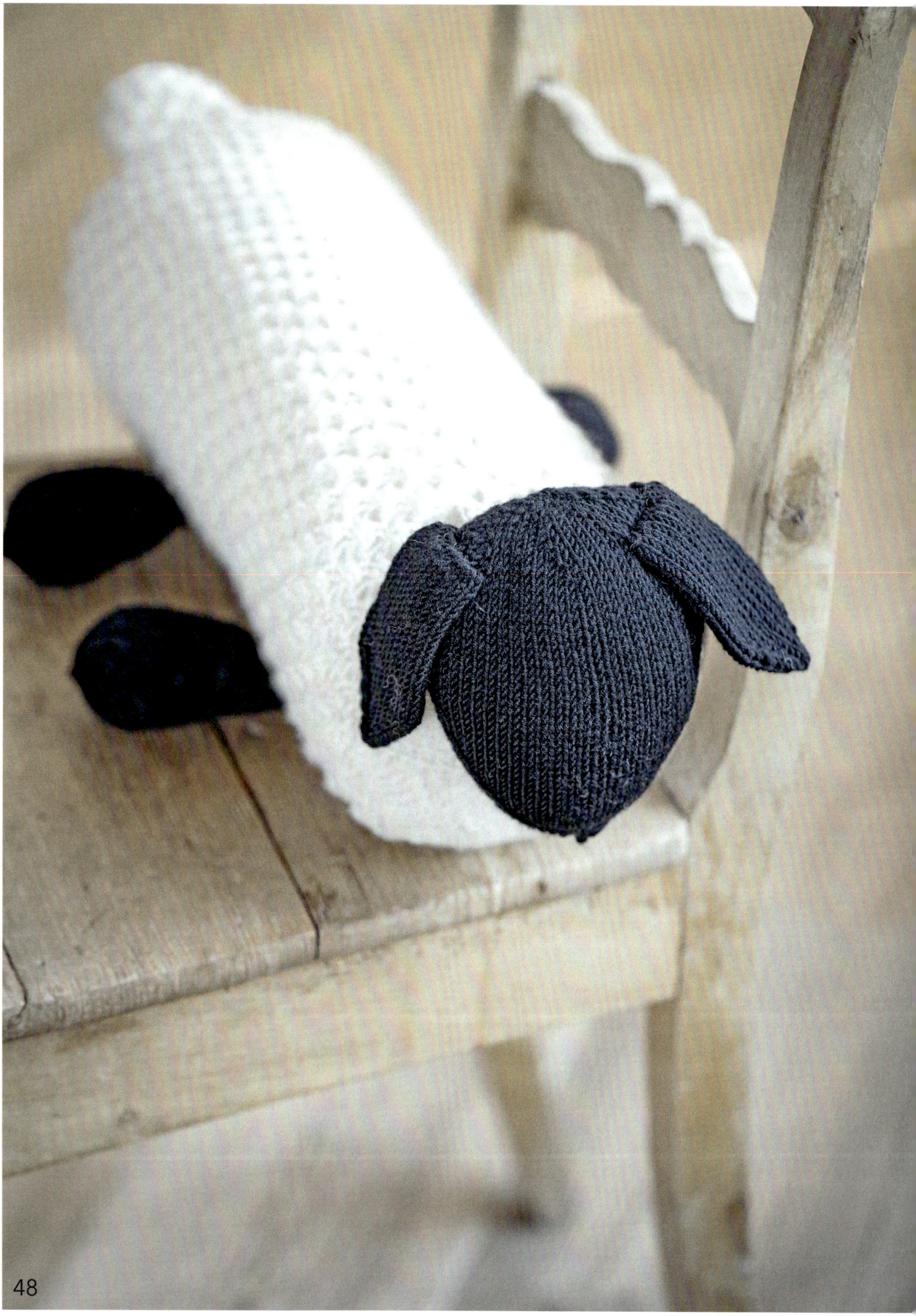

Schafkissen

Schwierigkeitsgrad: einfach

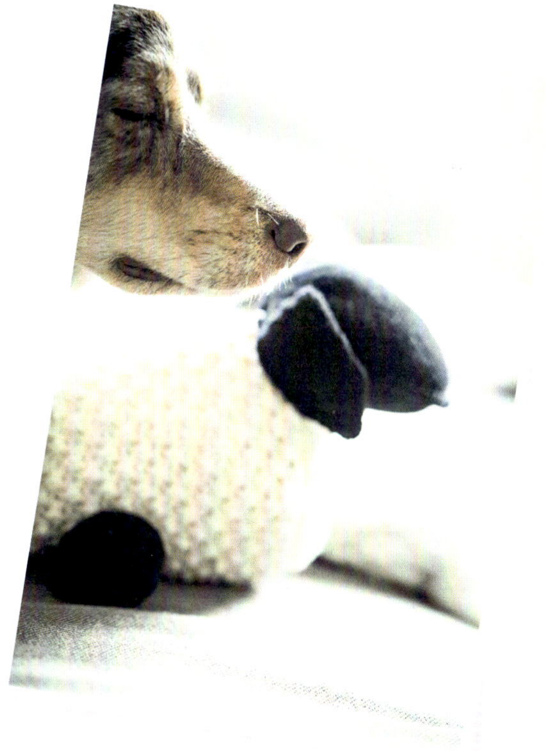

Das Dornröschenmuster von Seite 14 verleiht dem Schäfchenkissen genau die richtige Wollstruktur.

Größe:

53 cm x 15 cm Durchmesser

Material:

Lana Grossa Ecopuno (72 % Baumwolle, 17 % Schurwolle, 11 % Alpaka, LL = 215 m/50 g): 150 g Ecru (Fb 46) und Lana Grossa Cool Wool (100 % Schurwolle, LL = 160 m/50 g): 50 g Schwarz (Fb 433); Stricknadeln in 4 mm und Nadelspiel in 3,5 und 4 mm; eine Nackenrolle, 40 cm lang x 15 cm Durchmesser; Füllwatte.

Muster:

Glatt rechts in Runden: Stets rechte Maschen stricken.
Kraus rechts in Runden: 1 Runde rechte Maschen, 1 Runde linke Maschen im Wechsel stricken.

Dornröschenmuster:
Maschenzahl teilbar durch 4. Die Noppen in den geraden Runden stricken, sie erscheinen jedoch auf der Rückseite, deshalb am Schluss die Arbeit wenden.
1. Runde: Alle M rechts stricken.
2. Runde: * 3 M aus 1 M herausstricken (= 1 M links, 1 M rechts, 1 M links), 3 M rechts zusammen; ab * stets wiederholen.
3. Runde: Alle M rechts stricken.
4. Runde: * 3 M rechts zusammen, 3 M aus 1 M herausstricken; ab * stets wiederholen.
Die 1. – 4. Runde stets wiederholen.

Maschenprobe:

Dornröschenmuster (Ecopuno): 20 Maschen und 20 Runden = 10 cm x 10 cm; **glatt rechts (Cool Wool)**: 24 Maschen und 34 Runden = 10 cm x 10 cm.

So wird's gemacht:

Körper: 92 M mit dem dickeren Nadelspiel zweifädig in Ecru anschlagen, gleichmäßig auf 4 Nadeln verteilen – 23 Maschen pro Nadel. 40 cm im Dornröschenmuster stricken, dann alle M abketten. Die Arbeit wenden, damit die Innenseite mit den Noppen außen liegt.

Bein (4x arbeiten): 28 M mit dem dünneren Nadelspiel in Schwarz anschlagen, gleichmäßig auf 4 Nadeln verteilen – 7 Maschen pro Nadel. Glatt rechts stricken. Nach 5 cm gleichmäßig verteilt 4 M zunehmen, dafür je 1 M aus dem Querfaden rechts verschränkt herausstricken = 32 Maschen. Diese Zunahmen noch 2x in jeder 2. Rd an den gleichen Zunahmestellen ebenso arbeiten = 40 Maschen. In der folgenden 3. Rd gleichmäßig verteilt 8 M abnehmen = 32 Maschen. Diese Abnahmen in jeder 2. Rd noch 3x an den gleichen Abnahmestellen wiederholen = 8 Maschen. Das Bein mit Füllwatte füllen und die restlichen 8 M mit dem Faden zusammenziehen.

Ohr (2x arbeiten): 24 M mit dem dünneren Nadelspiel in Schwarz anschlagen, gleichmäßig auf 4 Nadeln verteilen – 6 Maschen pro Nadel. Glatt rechts stricken. Nach 6 cm ab Anschlag die jeweils erste M der 1. und 3. Nadel mit der folgenden M rechts überzogen zusammen und die jeweils letzte M der 2. und 4. Nadel mit der M davor rechts zusammen = 20 Maschen. Diese Abnahmen 4x in jeder 2. Rd an den gleichen Abnahmestellen ebenso arbeiten = 4 Maschen. Die restlichen 4 M mit dem Faden zusammenziehen.

Kopf: 8 M mit Nadeln mit dem dünneren Nadelspiel in Schwarz anschlagen, gleichmäßig auf 4 Nadeln verteilen – 2 Maschen pro Nadel. Glatt rechts stricken, dabei 7x in jeder 2. Rd je 8 M zunehmen, dafür je 1 M aus dem Querfaden rechts verschränkt herausstricken = 64 Maschen bzw. 16 Maschen pro Nadel. In der folgenden 7. Rd die jeweils erste M der 1. und 3. Nadel mit der folgenden M rechts überzogen zusammen und die jeweils letzte M der 2. und 4. Nadel mit der M davor rechts zusammen = 60 Maschen. Diese Abnahmen 1x in der folgenden 6. Rd, 2x in jeder 4. Rd, 5x in jeder 2. Rd und 6x in jeder Rd an den gleichen Abnahmestellen ebenso arbeiten = 4 Maschen. Nach und nach bereits mit Füllwatte befüllen. Die restlichen 4 M mit dem Faden zusammenziehen.

Schwanz: 24 M mit dem dickeren Nadelspiel zweifädig in Ecru anschlagen, gleichmäßig auf 4 Nadeln verteilen – 6 Maschen pro Nadel. 6 cm im Dornröschenmuster stricken, dann alle M abketten.

Fertigstellung: Aus dem oberen Rand des Körpers 88 M mit dem dickeren Nadelspiel zweifädig in Ecru auffassen, gleichmäßig auf 4 Nadeln verteilen – 22 Maschen pro Nadel. Glatt rechts in Rd stricken, dabei 10x in jeder 2. Rd gleichmäßig verteilt je 8 M an den gleichen Abnahmestellen abnehmen = 8 Maschen. Die restlichen 8 M mit den Faden zusammenziehen. Das Kisseninlett einlegen und den unteren Rand des Körpers ebenso schließen. Die Füllwatte in die Beine, den Schwanz und den Kopf füllen. Die Ohren an den Kopf nähen. Kopf, Beine und Schwanz an den Körper nähen (siehe Foto).

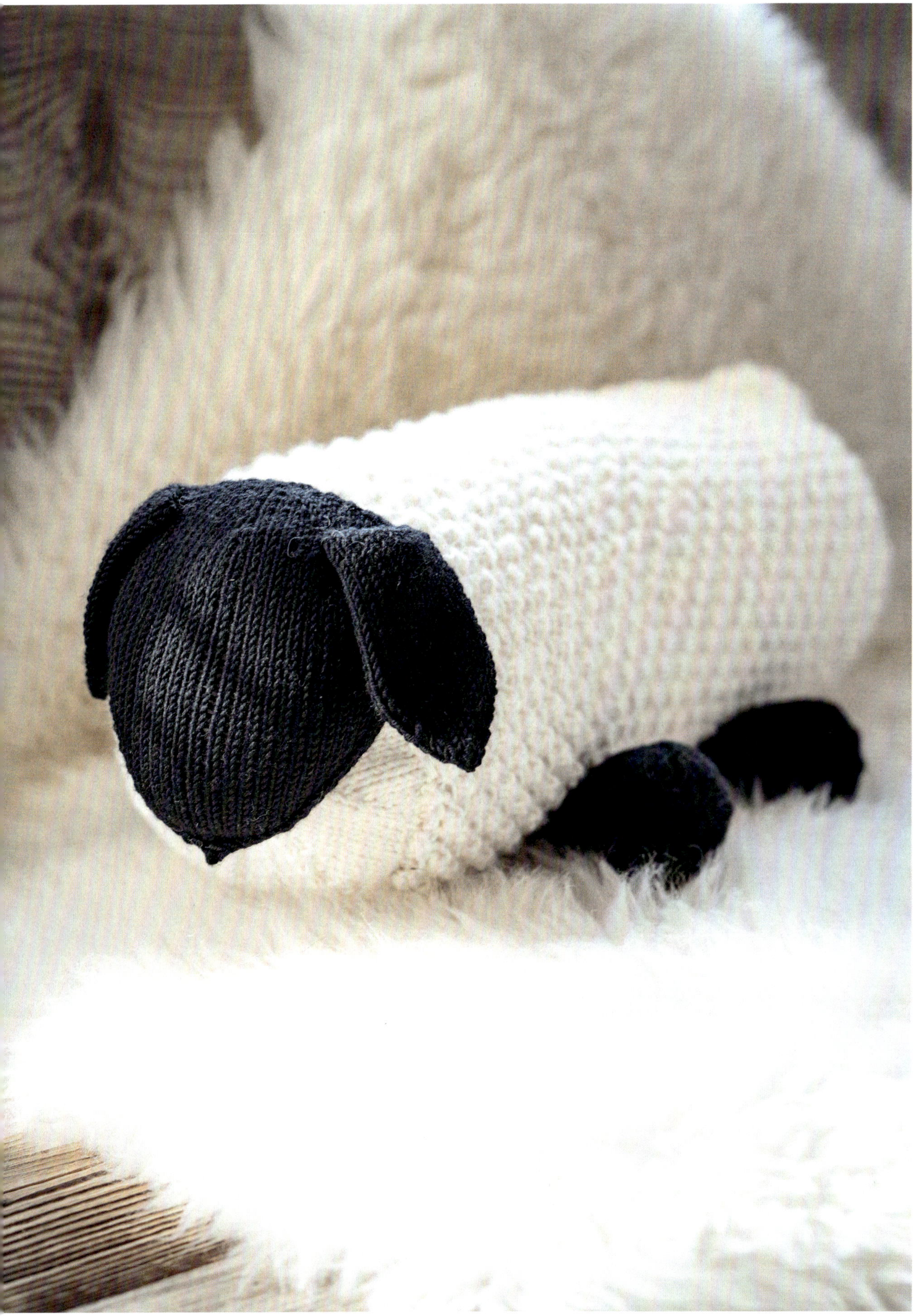

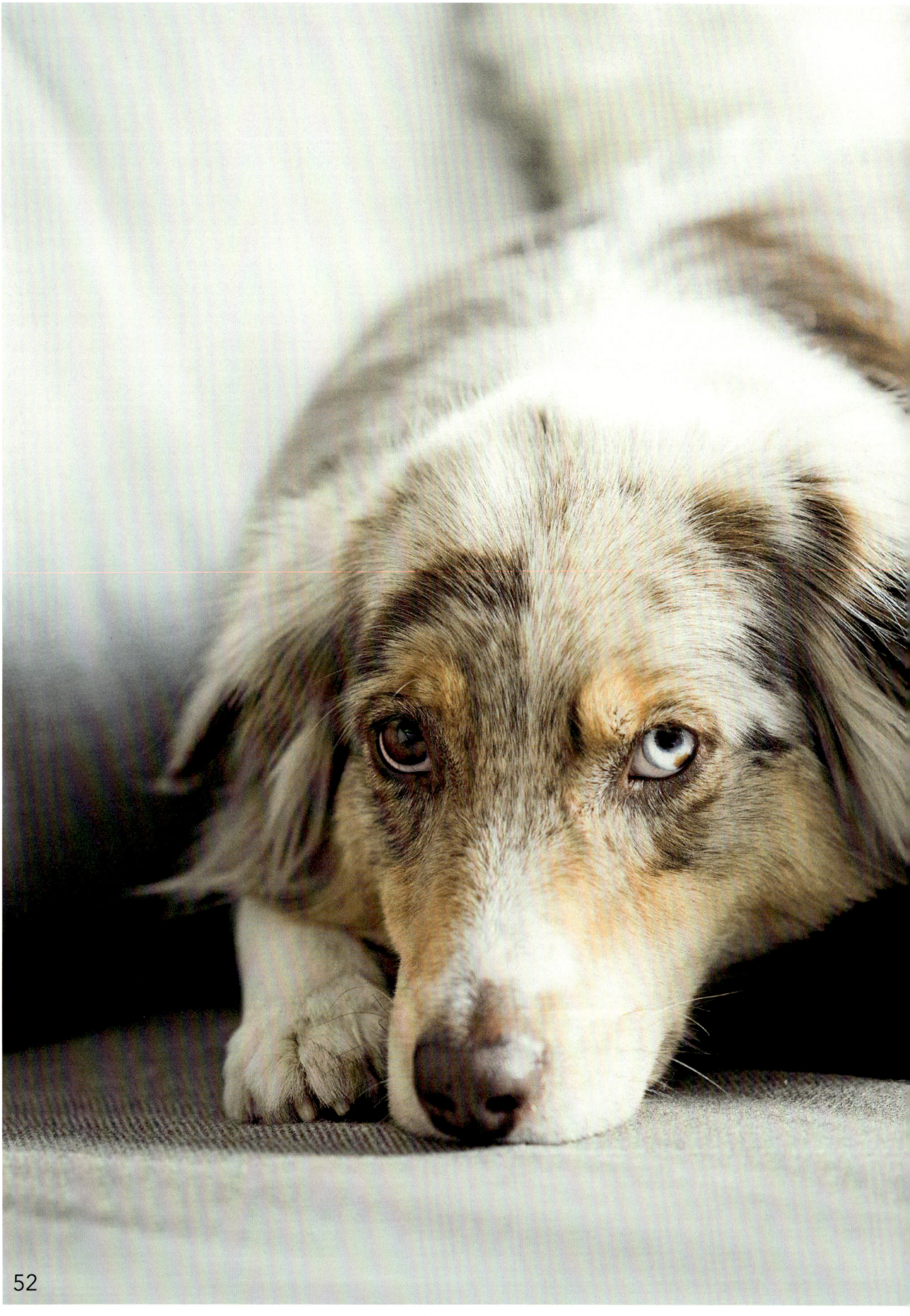

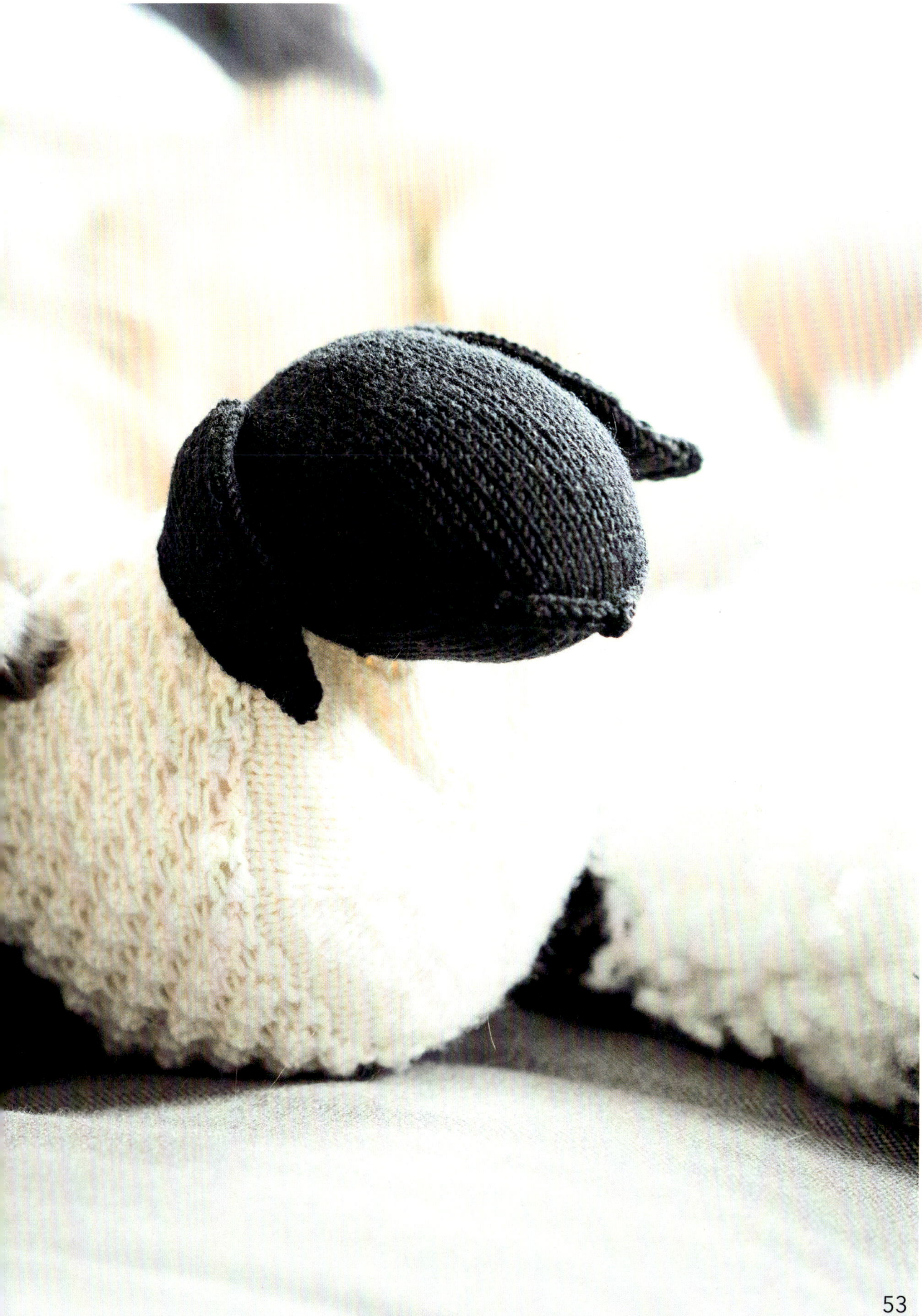

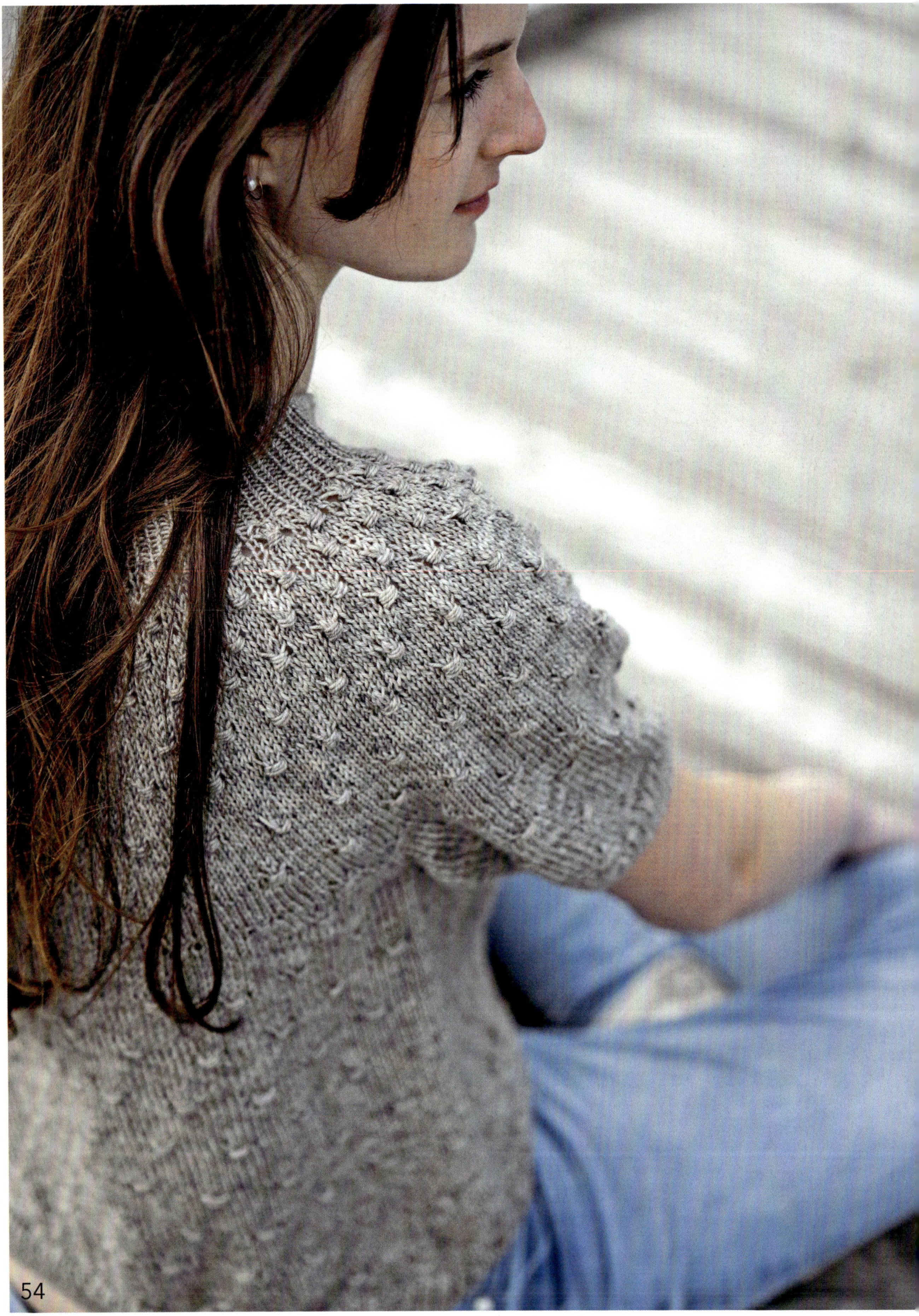

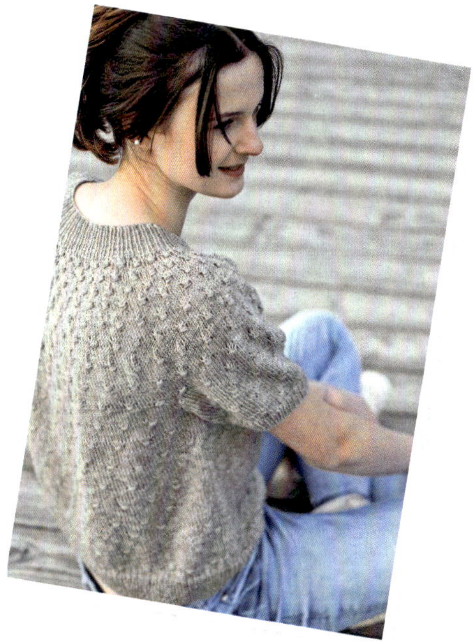

Wickelmaschenpulli

Schwierigkeitsgrad: mittel

Bei diesem Passenpulli werden die Wickelmaschen von Seiten 16 nach oben hin in immer kürzeren Abständen verteilt eingearbeitet.

Größe:

36/38, 40/42 und 42/44

Die Angaben für die größeren Größen stehen hintereinander in Klammern. Steht nur eine Angabe, so gilt diese für alle Größen.

Material:

Austermann Merino 160 Color (100 % Schurwolle, LL = 160 m/50 g): 350 (400/450) g Leinen (Fb 1210); Stricknadeln und Rundstricknadeln jeweils in 3,5 und 4 mm.

Muster:

Rippenmuster in Reihen:

1 M rechts,1 M links im Wechsel stricken. In Rückreihen alle M stricken, wie sie erscheinen.

Rippenmuster in Runden:

1 M rechts, 1 M links im Wechsel stricken.

Noppenmuster in Reihen:

Maschenzahl teilbar durch 8 + 1 + 2 Randmaschen. Nach Strickschrift A arbeiten.
Es sind nur die Hinreihen notiert.
In den Hinreihen mit den M vor dem rechten Pfeil beginnen, den Rapport von 8 M zwischen den Pfeilen stets wiederholen und mit den M nach dem linken Pfeil enden.
In den Rückreihen alle M links stricken.
Die 1. – 16. Reihe stets wiederholen.

Noppenmuster in Runden:

Maschenzahl in der 1. – 24. Runde teilbar durch 8, ab der 51. Rund teilbar durch 4. Nach Strickschrift B arbeiten. Durch die in der Strickschrift eingezeichneten Passen-Abnahmen verringert sich die Maschenzahl. Es sind nur die ungerade Runden notiert, in den geraden Runden alle Maschen rechts stricken. Den Rapport zwischen den Pfeilen stets wiederholen.
1x die 1. – 52. (58./64.) Runde arbeiten.

Betonte Abnahmen:

Rechter Rand: RandM, 1 M rechts, 2 M rechts überzogen zusammen (= 1 M wie zum Rechtsstricken abheben, 1 M rechts, dann die abgehobene M überziehen), alle übrigen M mustergemäß stricken.
Linker Rand: Bis zu den letzten 4 M mustergemäß stricken, dann 2 M rechts zusammen, 1 M rechts, RandM.

Maschenprobe:

21 Maschen und 35 Reihen = 10 cm x 10 cm.

So wird's gemacht:

Für das **Rückenteil** 110 (118/126) M mit den dünneren Nadeln anschlagen und für den Bund 5 cm = 17 Reihen im Rippenmuster stricken, dabei mit 1 RückR beginnen. Dann mit den dickeren Nadeln im Noppenmuster weiterarbeiten, dabei in der 1. R gleichmäßig verteilt 5 M zunehmen = 115 (123/131) Maschen. In 29 cm Gesamthöhe = 64 Reihen ab Bund für die kurzen Schrägen beidseitig 1x 1 M und 3 (3/7) x in jeder 2. R je 1 M betont abnehmen = 107 (115/115) Maschen. In 32 (32/35) cm Gesamthöhe die restlichen 107 (115/115) M stilllegen.

Das **Vorderteil** wie das Rückenteil arbeiten.

Für die **Ärmel** 72 (76/82) M mit den dünneren Nadeln anschlagen und für den Bund 3 cm = 9 Reihen im Rippenmuster stricken, dabei mit 1 RückR beginnen. Dann mit den dickeren Nadeln im Noppenmuster weiterarbeiten, dabei in der 1. R gleichmäßig verteilt 11 (15/17) M zunehmen = 83 (91/99) Maschen. In 9 cm Gesamthöhe = in 16 Reihen ab Bund für die kurzen Schrägen beidseitig 1x 1 M und 3 (3/7) x in jeder 2. R je 1 M betont abnehmen = 75 (83/83) Maschen. In 12 (12/15) cm Gesamthöhe die restlichen 75 (83/83) M stilllegen.

Für die **Passe** die M aller Teile auf die dickere Rundstricknadel nehmen: 75 (83/83) M linker Ärmel, 107 (115/115) M Vorderteil, 75 (83/83) M rechter Ärmel, 107 (115/115) M Rückenteil = 364 (396/396) Maschen. Nun 54 (58/64) Rd im Noppenmuster arbeiten, dabei in der 1. Rd die aufeinandertreffenden RandM rechts zusammen = 360 (392/392) Maschen und darauf achten, dass die Noppen wie bisher versetzt übereinanderstehen. Durch die in der Strickschrift eingezeichneten Abnahmen sind nun nur noch 180 (196/196) M auf der Nadel. Dann für den Bund mit der dünneren Rundstricknadel noch 5,5 cm im Rippenmuster stricken, dabei in der 1. Rd gleichmäßig verteilt 60 (66/66) M abnehmen = 120 (130/130) Maschen. Dann alle M locker abketten.

Fertigstellung: Die Ärmel- und Seitennähte schließen.

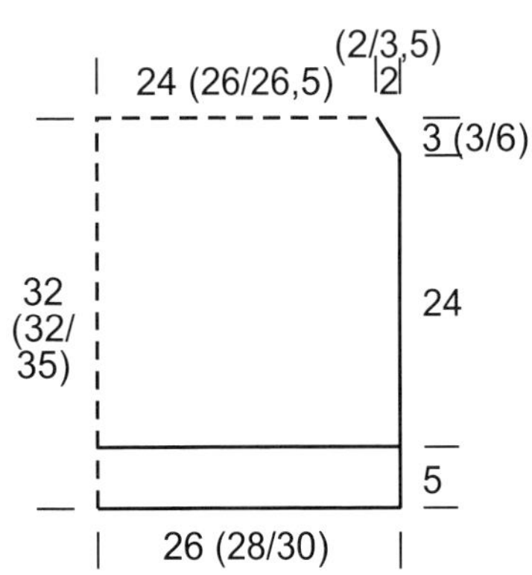

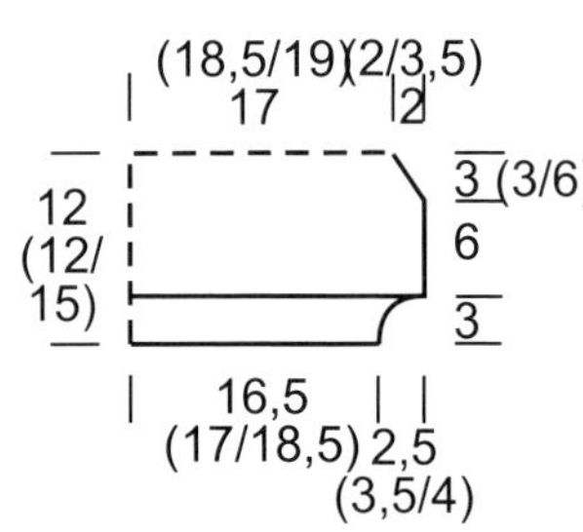

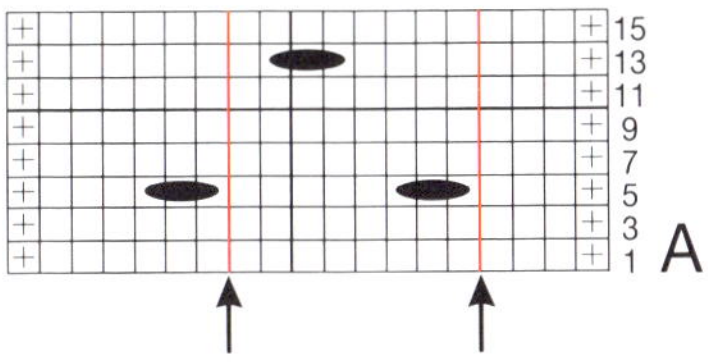

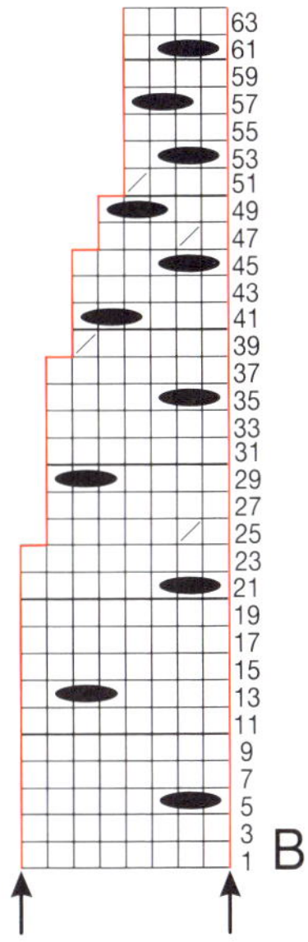

Zeichenerklärung:

- = Randmasche
- = 1 Masche rechts
- = 2 Maschen rechts zusammenstricken
- = 1 Noppe (= 3 Maschen rechts stricken, dann diese 3 Masche auf eine Hilfsnadel legen und den Faden 4x um diese 3 Maschen wickeln, dann die 3 Maschen auf die rechte Nadel legen)

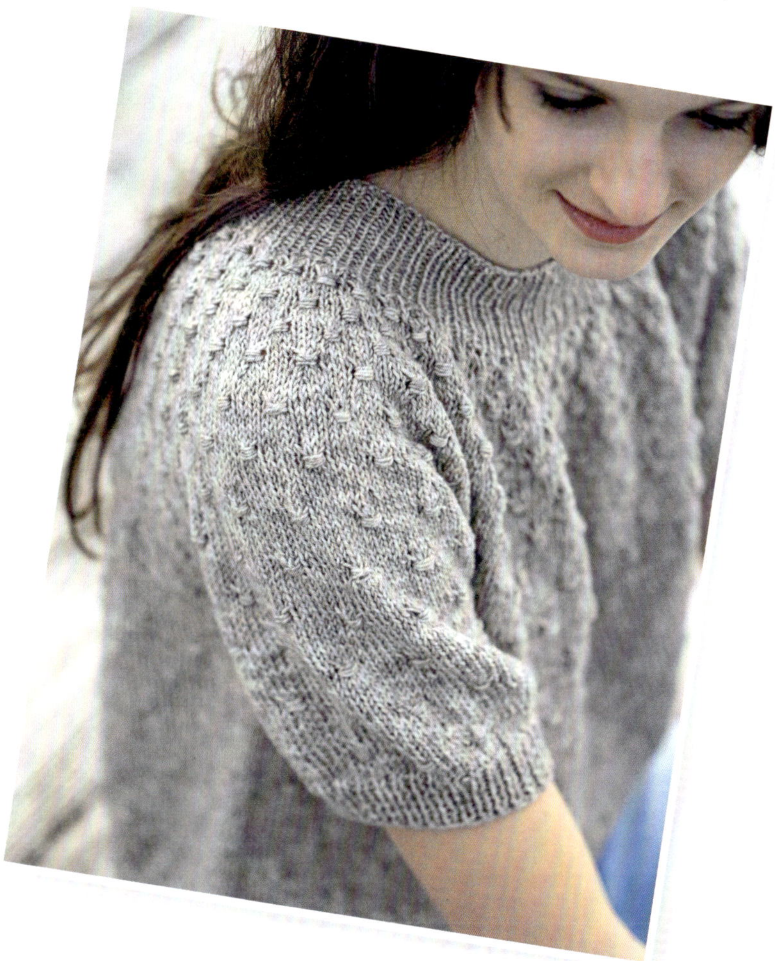

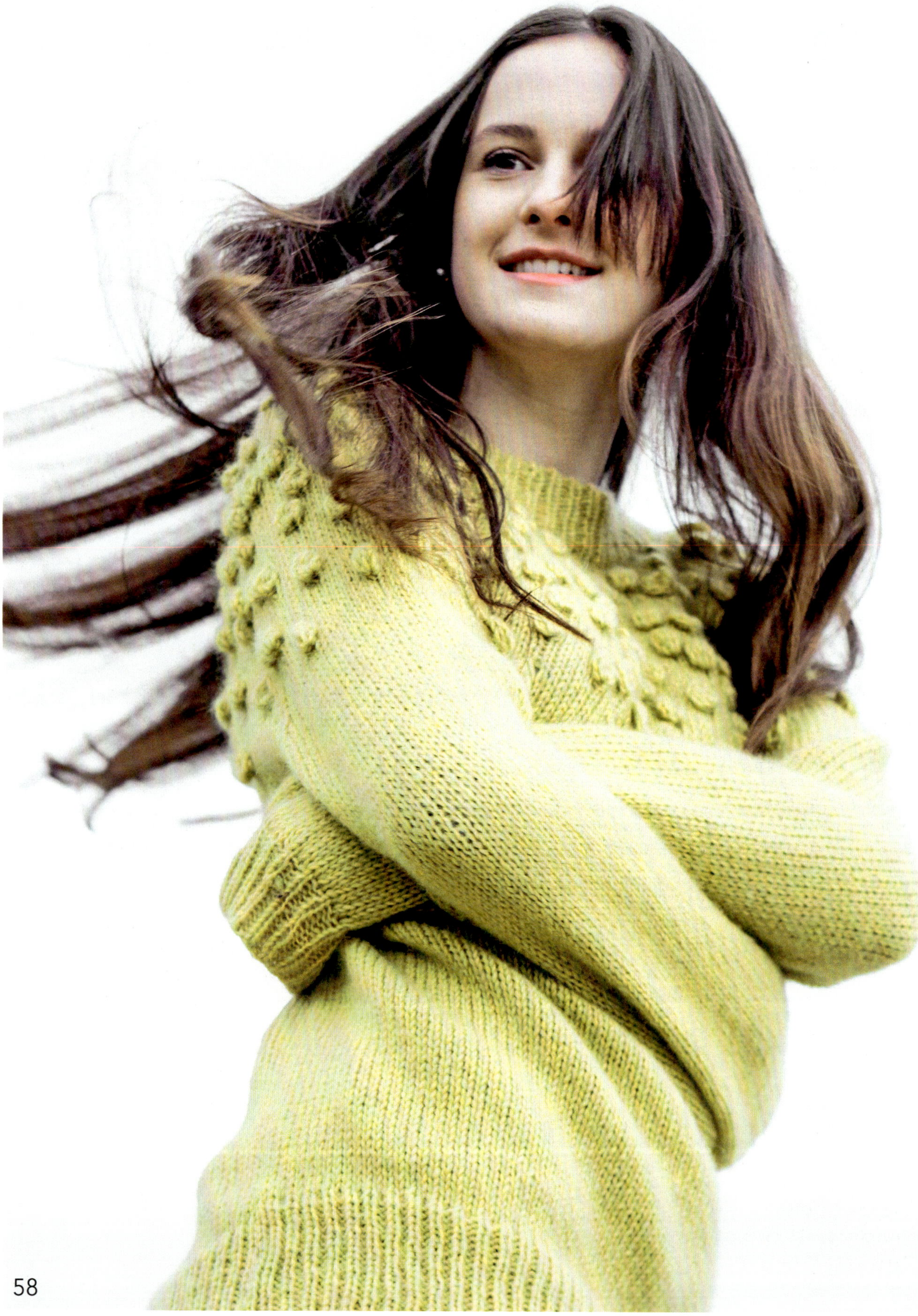

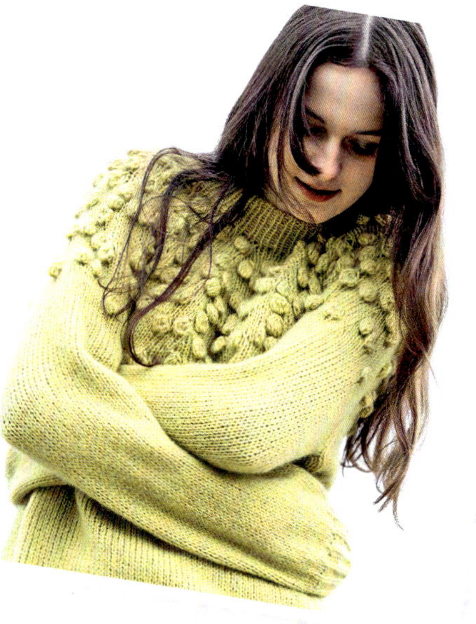

Rundpassenpulli

Schwierigkeitsgrad: mittel

Warm und flauschig - die Passe des kuscheligen Pullis ist über und über besetzt mit rechtsgestrickten Noppen von Seite 34.

Größe:

36/38, 40/42 und 42/44

Die Angaben für die größeren Größen stehen hintereinander in Klammern. Steht nur eine Angabe, so gilt diese für alle Größen.

Material:

Lana Grossa Brigitte No 2 (47 % Alpaka, 45 % Baumwolle, 8 % Schurwolle, LL = 140 m/50 g): 400 (450/500) g Grüngelb (Fb 17); Stricknadeln in 5 und 6 mm; Rundstricknadel in 5 mm, 40 cm lang; Rundstricknadel in 6 mm, 80 cm lang.

Muster:

Rippenmuster in Reihen:

1 M rechts, 1 M links im Wechsel stricken. In den RückR alle M stricken, wie sie erscheinen.

Rippenmuster in Runden:

1 M rechts, 1 M links im Wechsel stricken.

Glatt rechts:

In Hinreihen rechte M, in Rückreihen linke M stricken; in Runden stets rechte M stricken.

Noppenmuster:

Maschenzahl teilbar durch 24, ab der 45. Runde teilbar durch 8. Nach Strickschrift arbeiten.

Es sind nur die ungeraden Runden notiert, in den geraden Runden alle Maschen rechts stricken. Den Rapport zwischen den Pfeilen stets wiederholen.

1x die 1. – 46. Runde arbeiten.

Doppel-Masche:

Nach dem Wenden am Reihenfang den Faden vor die Arbeit legen, von rechts in die 1. M einstechen, die M und den Faden zusammen abheben. Danach den Faden fest über die Nadel nach hinten ziehen. Dadurch wird die M über die Nadel gezogen und liegt doppelt. In der folg R beide Maschenteile zusammen erfassen und mustergemäß abstricken.die M über die Nadel gezogen und liegt nun doppelt. Unbedingt darauf achten den Faden fest zu ziehen, denn sonst entstehen Löcher.

Maschenprobe:

Glatt rechts: 17 Maschen und 22 Reihen/Runden = 10 cm x 10 cm.

So wird's gemacht:

Für das **Rückenteil** 85 (91/99) M mit den dünneren Nadeln anschlagen und für den Bund 7 cm = 19 Reihen im Rippenmuster stricken, dabei mit 1 RückR beginnen. Dann mit den dickeren Nadeln glatt rechts weiterarbeiten. In 38,5 cm Gesamthöhe für die kurzen Schrägen beidseitig 1x 1 M und 4x in jeder 2. R je 1 M abnehmen = 75 (81/89) Maschen. In 43 cm Gesamthöhe restliche 75 (81/89) M stilllegen.

Das **Vorderteil** wie das Rückenteil arbeiten, jedoch in 38,5 cm Gesamthöhe, gleichzeitig mit Beginn der kurzen Schrägen, für den Halsausschnitt die mittleren 53 (59/67) M stilllegen und beide Seiten getrennt beenden. Für die Ausschnittrundung am inneren Rand in jeder 2. R 1x 3 M und 4x je 2 M stilllegen, dabei beim Wenden je 1 Doppel-M arbeiten. Die andere Seite gegengleich beenden.

Für die **Ärmel** 31 (35/39) M mit den dünneren Nadeln anschlagen und für den Bund 5 cm = 13 Reihen im Rippenmuster stricken, dabei mit 1 RückR beginnen. Dann mit den dickeren Nadeln glatt rechts weiterarbeiten, dabei in der 1. R gleichmäßig verteilt 28 (32/34) M zunehmen = 59 (67/73) Maschen. In 44 cm Gesamthöhe für die kurzen Schrägen beidseitig 1x 1 M und 4x in jeder 2. R je 1 M abnehmen = 49 (57/63) Maschen. In 48,5 cm Gesamthöhe restliche 49 (57/63) M stilllegen.

Für die **Passe** die M aller Teile auf die dickere Rundstricknadel nehmen: 49 (57/63) M linker Ärmel, 75 (81/89) M Vorderteil, 49 (57/63) M rechter Ärmel, 75 (81/89) M Rückenteil = 248 (276/304) Maschen. Glatt rechts in Rd weiterarbeiten, dabei in der 1. Rd die aufeinandertreffenden RandM jeweils mit der M davor bzw. danach rechts bzw. rechts überzogen zusammen (= 1 M wie zum Rechtsstricken abheben, 1 M rechts stricken, dann die abgehobene M überziehen) und bei Größe 40/42 gleichmäßig verteilt 4 M abnehmen bzw. bei Größe 44/46 gleichmäßig verteilt 8 M abnehmen = 240 (264/288) Maschen. Nach 1 (4/10) Rd ab Passenbeginn im Noppenmuster weiterarbeiten, durch die in der Strickschrift eingezeichneten Abnahmen sind nach den 46 Rd des Noppenmusters nur noch 80 (88/96) M auf der Nadel. Noch 10 cm = 27 Rd mit der dünneren, kurzen Rundstricknadel im Rippenmuster stricken. Dann alle M abketten.

Fertigstellung: Die Ärmel- und Seitennähte schließen. Die Blende nach innen umschlagen und annähen.

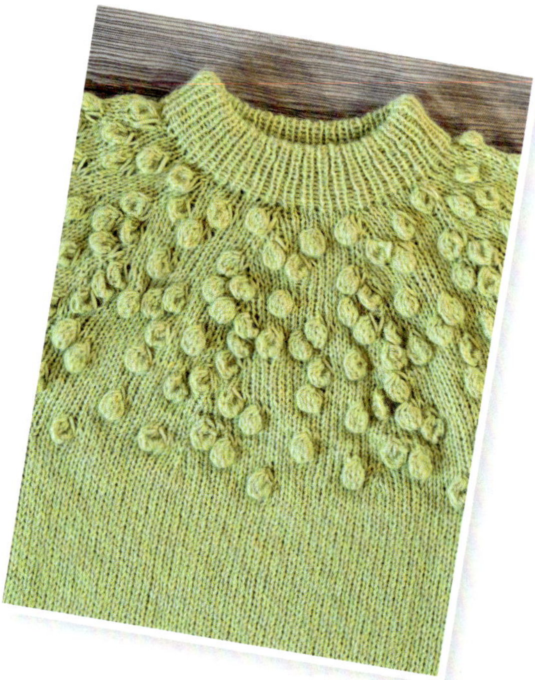

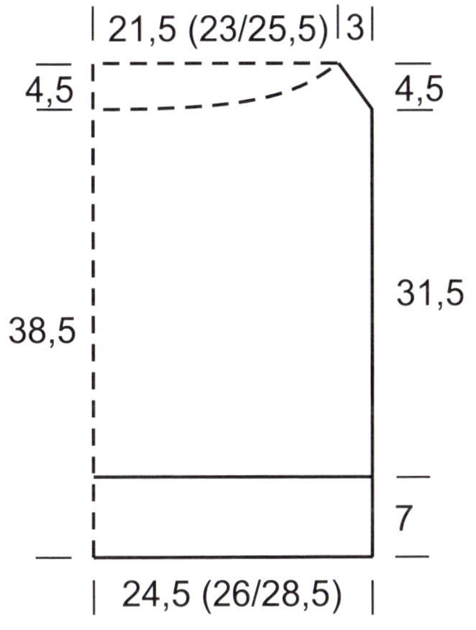

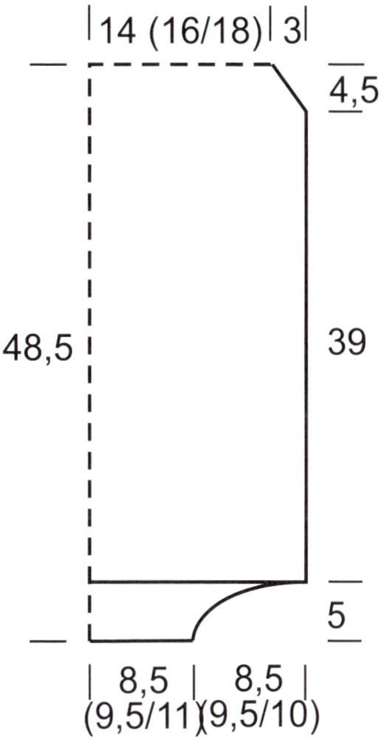

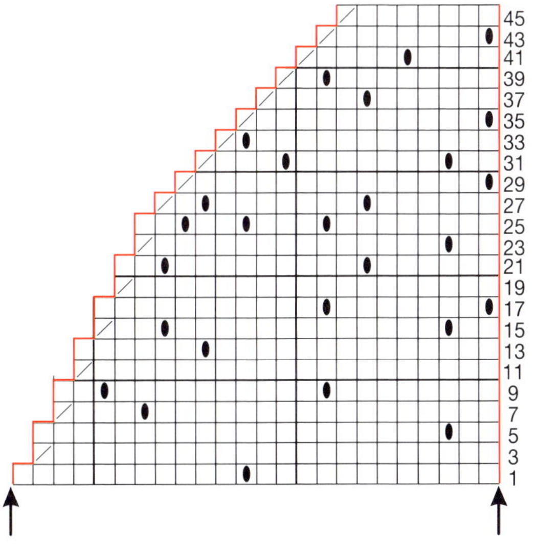

Zeichenerklärung:

- = 1 Masche rechts
- = 2 Maschen rechts zusammenstricken
- = 1 Noppe (= 5 Maschen aus 1 Masche herausstricken (= *1 Masche rechts, 1 Umschlag im Wechsel*), Arbeit wenden; 5 Maschen links, Arbeit wenden; 5 Maschen rechts, Arbeit wenden; 5 Maschen links, Arbeit wenden, 5 Maschen rechts zusammenstricken)

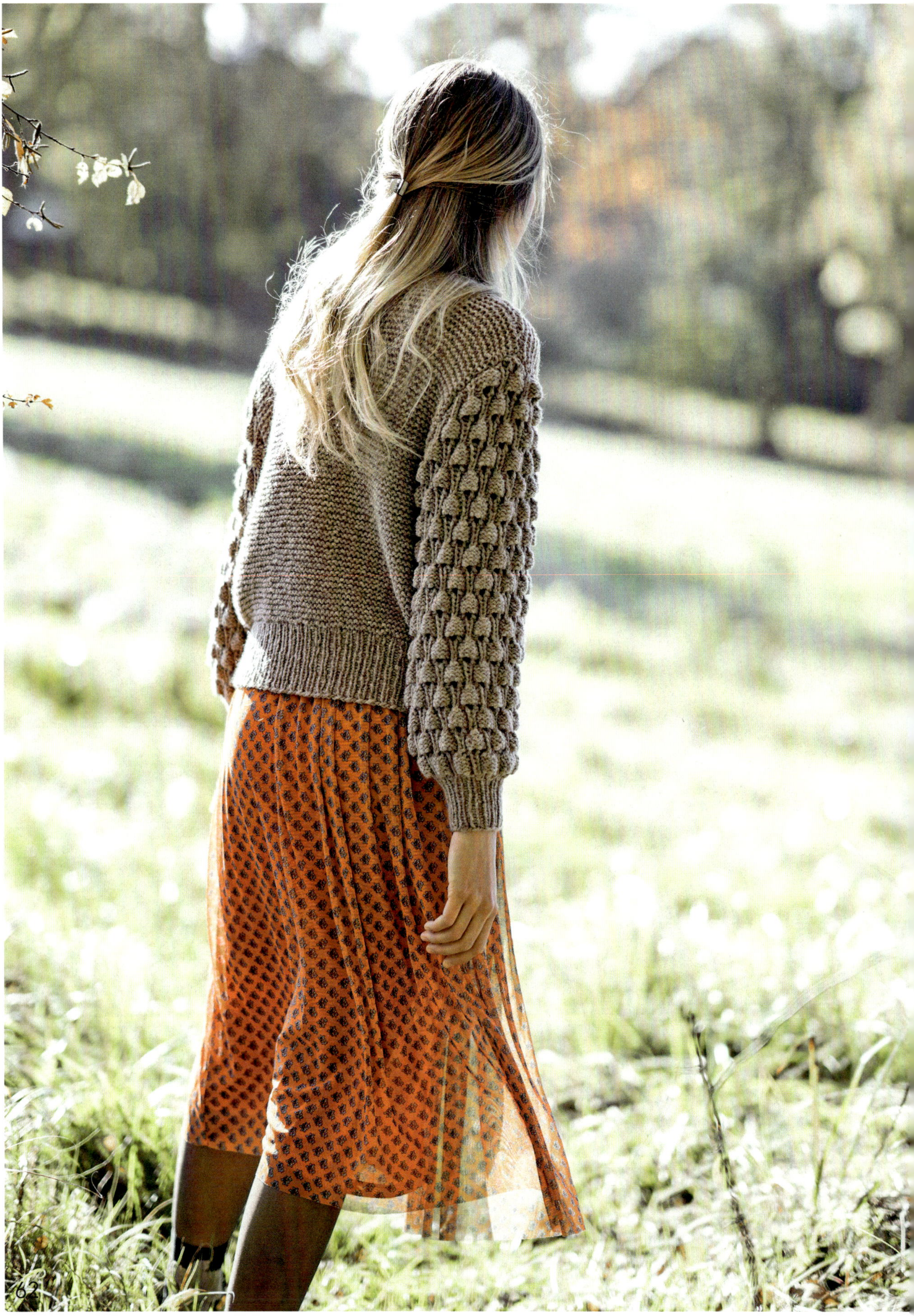

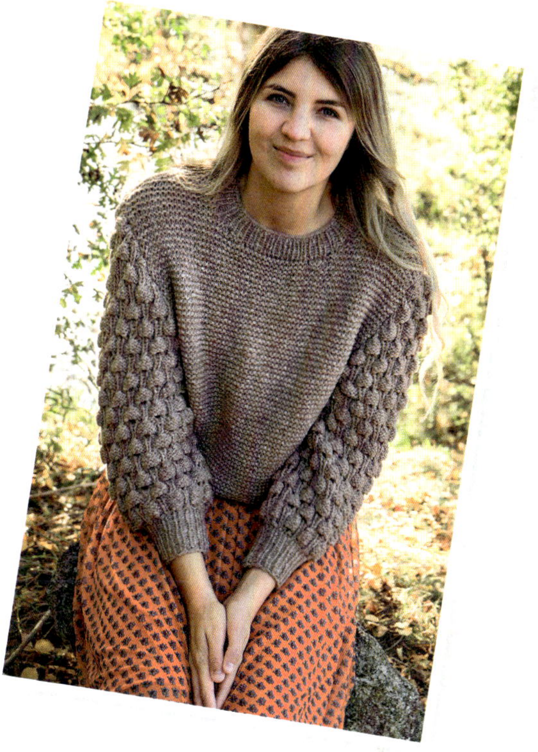

Krauser Pulli

Schwierigkeitsgrad: mittel

Das Blasenmuster von Seite 18 ziert hier nur die Ärmel und macht den ansonsten einfach kraus rechts gestrickten Pulli zu einem echten Hingucker.

Größe:

36/38, 40/42 und 42/44
Die Angaben für die größeren Größen stehen hintereinander in Klammern. Steht nur eine Angabe, so gilt diese für alle Größen.

Material:

Schulana Antigua (53 % Alpaka, 35 % Schurwolle, 12 % Polyamid, LL = 110 m/50 g): 500 (550/600) g Schlamm (Fb 55); Stricknadeln in 6 und 7 mm; Rundstricknadel in 6 mm, 40 cm lang

Muster:

Rippenmuster in Reihen:
In Hinreihen 1 M rechts, 1 M links im Wechsel stricken. In Rückreihen alle M stricken, wie sie erscheinen.

Rippenmuster in Runden:
1 M rechts, 1 M links im Wechsel stricken.

Kraus rechts:
In Hin- und Rückreihen stets rechte M stricken.

Noppenmuster:
Maschenzahl in der 1. Reihe teilbar durch 4 + 1 + 2 Randmaschen, danach teilbar durch 8 + 1 + 2 Randmaschen. Bedingt durch die Zu- und Abnahmen in der Strickschrift variiert die Maschenzahl. Nach Strickschrift arbeiten. Es sind nur die Hinreihen notiert.
In den Hinreihen mit der M vor dem rechten Pfeil beginnen, den Rapport von 4 bzw. 8 M zwischen den Pfeilen stets wiederholen und mit den M nach dem linken Pfeil enden.
In den Rückreihen die M stricken, wie sie erscheinen.
1x die 1. – 14. Reihe arbeiten, dann die 3. – 14. Reihe stets wiederholen.

Maschenprobe:

Kraus rechts: 16 Maschen und 28 Reihen = 10 cm x 10 cm. **Noppenmuster:** 21,5 Maschen und 23 Reihen = 10 cm x 10 cm.

So wird's gemacht:

Für das **Rückenteil** 72 (78/86) M mit den dünneren Nadeln anschlagen und für den Bund 9,5 cm = 25 Reihen im Rippenmuster stricken, dabei mit 1 RückR beginnen. Dann mit den dickeren Nadeln kraus rechts weiterarbeiten, dabei in der 1. R gleichmäßig verteilt 16 M zunehmen = 88 (94/102) Maschen. In 35 cm Gesamthöhe für die Armausschnitte beidseitig 1x 3 M, dann in jeder 2. R 1x 3 M, 1x 2 M, 2x je 1 M und in der folgenden 4. R 1x 1 M abketten = 66 (72/80) Maschen. In 52 (54/56) cm Gesamthöhe für den Halsausschnitt die mittleren 16 M abketten und beide Seiten getrennt beenden. Für die Ausschnittrundung am inneren Rand in jeder 2. R 1x 3 M, 1x 2 M und 1x 1 M abketten. In 53 (55/57) cm Gesamthöhe für die Schulterschräge am äußeren Rand 1x 4 (5/6) M und in jeder 2. R 3x je 5 M (1x 5 M und 2x je 6 M/1x 6 M und 2x je 7 M) abketten. Die andere Seite gegengleich beenden.

Das **Vorderteil** wie das Rückenteil arbeiten, jedoch für den tieferen Halsausschnitt schon in 48 (50/52) cm Gesamthöhe die mittleren 14 M abketten und beide Seiten getrennt beenden. Für die Ausschnittrundung am inneren Rand in jeder 2. R 1x 3 M, 1x 2 M, 1x 1 M und in der folgenden 4. R 1x 1 M abketten.

Für die **Ärmel** 30 (34/38) M mit den dünneren Nadeln anschlagen und für den Bund 7 cm = 19 Reihen im Rippenmuster stricken, dabei mit 1 RückR beginnen. In der letzten Bundreihe gleichmäßig verteilt 17 M zunehmen = 47 (51/55) Maschen. Dann mit den dickeren Nadeln im Noppenmuster weiterarbeiten = 91 (99/107) Maschen. In 34 (36/38) cm Gesamthöhe für die Armkugel beidseitig 1x 3 M und in jeder 2. R 1x 2 M, 1x 1 M, in jeder 4. R 8x je 1 M, dann wieder in jeder 2. R 1x 2 M und 1x 3 M abketten, dabei vor dem Abketten von den Noppenmaschen diese 5 M erst zusammenstricken und diese M als 1 M zählen. In 52,5 (54,5/56,5) cm Gesamthöhe die restlichen M abketten.

Fertigstellung: Die Schulternähte schließen. Aus dem Halsausschnitt 72 M mit der kurzen Rundstricknadel auffassen und 4 cm im Rippenmuster in Rd stricken. Die M abketten, wie sie erscheinen. Die Ärmel einsetzen und die Ärmel- und Seitennähte schließen.

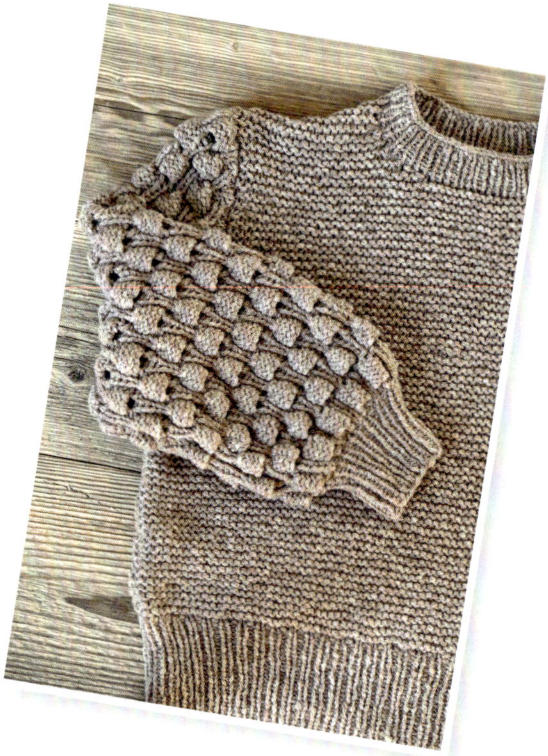

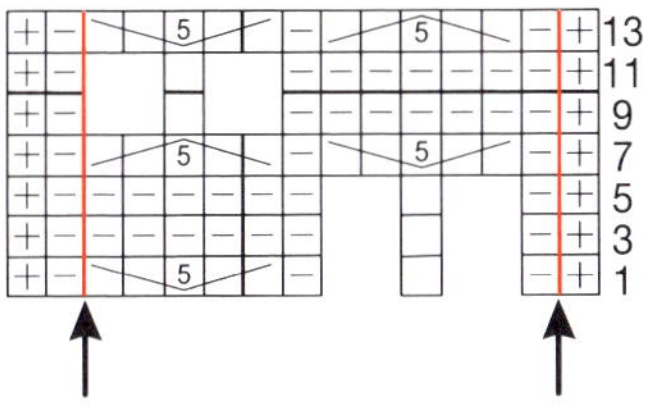

Zeichenerklärung:

⊞ = Randmasche

☐ = 1 Masche rechts

⊟ = 1 Masche links

[5] = 5 Maschen aus 1 Masche herausstricken (= 1 Masche links, 1 Umschlag im Wechsel)

[5] = 5 Maschen mit oben aufliegender Mittelmasche rechts zusammenstricken (= 3 Maschen gemeinsam wie zum Rechtsstricken abheben, 2 Maschen rechts zusammenstricken, dann die 3 abgehobenen Maschen zusammen überziehen)

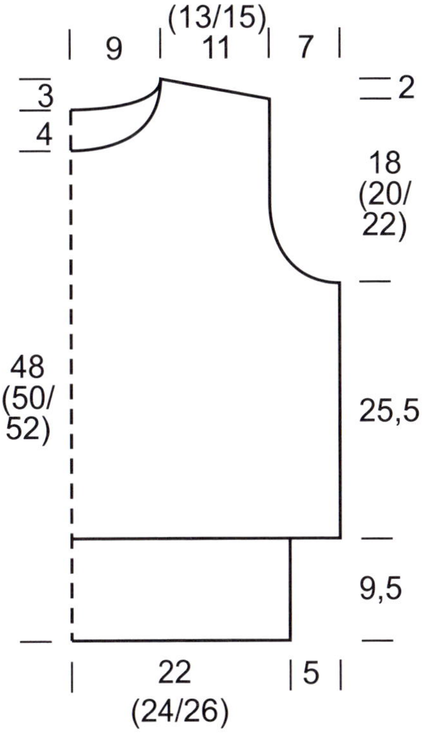

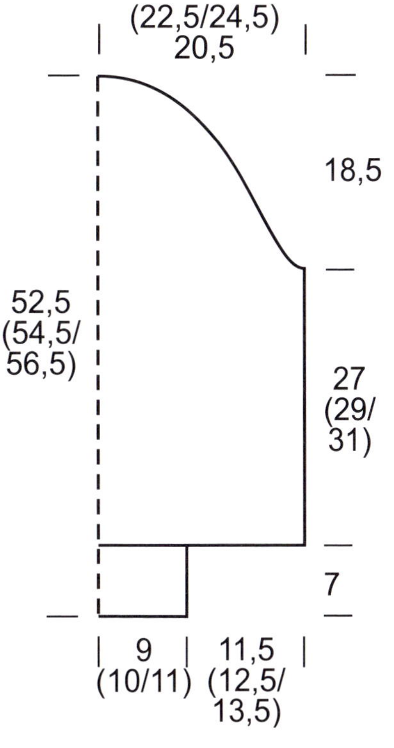

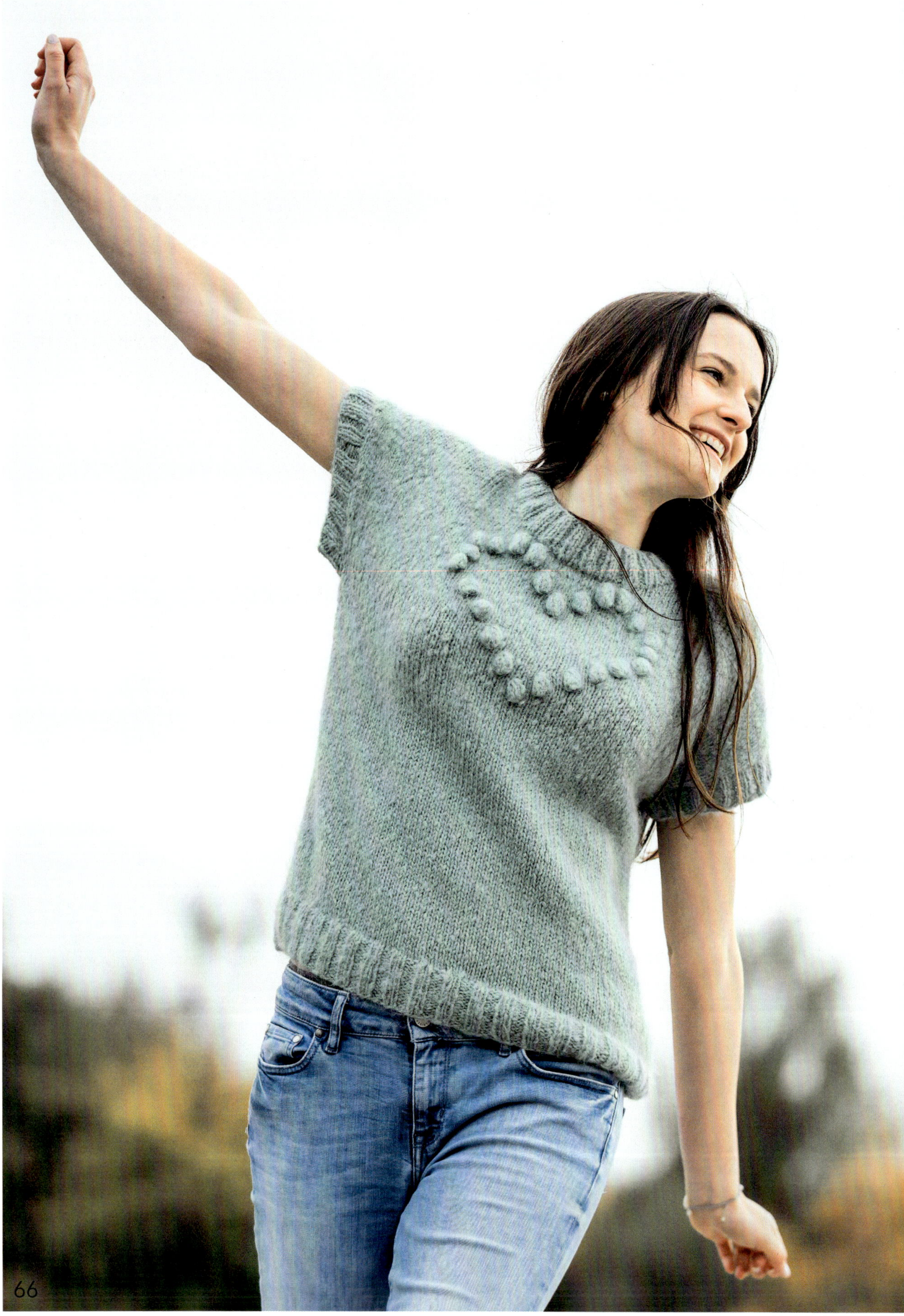

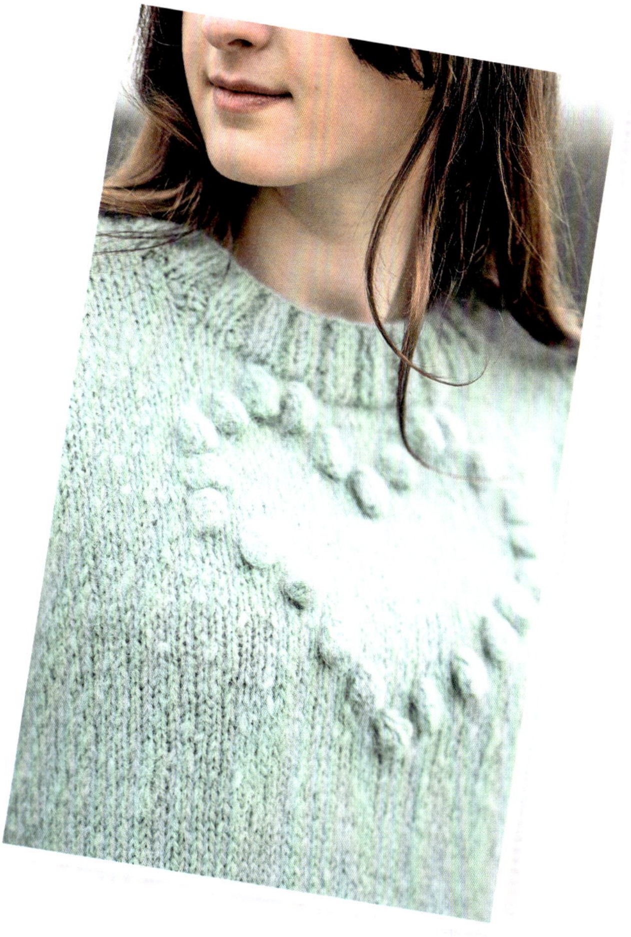

Herzpullunder

Schwierigkeitsgrad: mittel

Das Herzmotiv aus großen Noppen von Seite 20 macht sich prächtig auf dem ansonsten schlicht gehaltenen Pullunder und zieht so alle Blicke auf sich.

Größe:

36/38, 40/42 und 42/44
Die Angaben für die größeren Größen stehen hintereinander in Klammern. Steht nur eine Angabe, so gilt diese für alle Größen.

Material:

Wool Addicts by Lang Yarns Honor (50 % Alpaka, 50 % Schurwolle, LL = 100 m/50 g):
350 (350/400) g Mintgrün (Fb 0091); Stricknadeln in 5,5 und 6 mm; Rundstricknadel in 5,5, 40 cm lang.

Muster:

Rippenmuster in Reihen:
2 M rechts, 2 M links im Wechsel stricken, dabei in den HinR mit 1 M rechts, 2 M links beginnen. In den RückR alle M stricken, wie sie erscheinen.

Rippenmuster in Runden:
2 M rechts, 2 M links im Wechsel stricken.

Glatt rechts:
In Hinreihen rechte M, in Rückreihen linke M stricken.

Herz über 31 Maschen:
Nach Strickschrift arbeiten. Es sind nur die Hinreihen notiert; in den Rückreihen alle M stricken, wie sie erscheinen.
1x die 1. – 38. Reihe arbeiten.

Maschenprobe:

Glatt rechts: 17,5 Maschen und 22 Reihen = 10 cm x 10 cm.

So wird's gemacht:

Für das **Rückenteil** 82 (90/94) M mit den dünneren Nadeln anschlagen und für den Bund 6 cm = 15 Reihen im Rippenmuster stricken, dabei in der 1. R = Rückreihe nach der RandM mit 1 M links, 2 M rechts, 2 M links beginnen und gegengleich enden. Dann mit den dickeren Nadeln glatt rechts weiterarbeiten und in der 1. R gleichmäßig verteilt 3 (1/3) M zunehmen = 85 (91/97) Maschen. In 37 cm Gesamthöhe für die überschnittenen Schultern beidseitig 1x 1 M, dann 4 (2/0)x in jeder 8. R und 0 (2/4)x in jeder 10. R je 1 M zunehmen = 95 (101/107) Maschen. In 56 (58/60) cm Gesamthöhe für die Schulterschrägen beidseitig 1x 4 (4/5) M und in jeder 2. R 3x je 4 M und 3x je 5 M (6x je 5 M/4x je 5 M und 2x je 6 M) abketten. Gleichzeitig in 60 (62/64) cm Gesamthöhe für den Halsausschnitt die mittleren 29 M abketten und beide Seiten getrennt beenden. Für die Ausschnittrundung am inneren Rand in der folgenden 2. R 1x 2 M abketten. Die andere Seite gegengleich beenden.

Das **Vorderteil** wie das Rückenteil arbeiten, jedoch in 34,5 (36,5/38,5) cm Gesamthöhe über die mittleren 31 M das Herz arbeiten, danach wieder über alle M glatt rechts weiterarbeiten. In 52 (54/56) cm Gesamthöhe für den Halsausschnitt die mittleren 15 M abketten und beide Seiten getrennt beenden. Für die Ausschnittrundung am inneren Rand in jeder 2. R 1x 3 M, 1x 2 M, 2x je 1 M und in jeder 4. R 2x je 1 M abketten.

Fertigstellung: Die Schulternähte schließen. Aus dem Halsausschnitt 96 M mit der Rundstricknadel auffassen und 4 cm im Rippenmuster in Rd stricken. Dann alle M abketten. Die Seitennähte schließen. Aus den Armausschnitten je 64 (68/76) M mit der Rundstricknadel auffassen und 4 cm im Rippenmuster in Rd stricken. Dann alle M abketten.

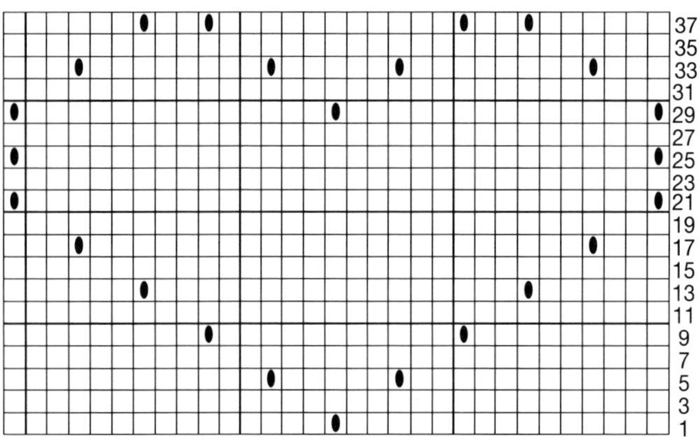

Zeichenerklärung:

⊞ = 1 Masche rechts

● = 1 Noppe (= 5 Maschen aus 1 Masche herausstricken (*= 1 Masche rechts, 1 Umschlag im Wechsel*), Arbeit wenden; 5 Maschen links, Arbeit wenden; 5 Maschen rechts, Arbeit wenden; 5 Maschen links, Arbeit wenden; 5 Maschen rechts zusammenstricken)

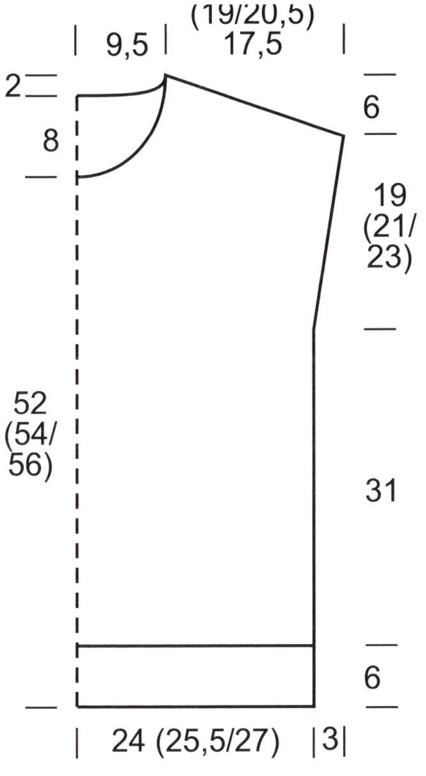
(19/20,5)
9,5
17,5
2
6
8
19
(21/
23)
52
(54/
56)
31
6
24 (25,5/27)
3

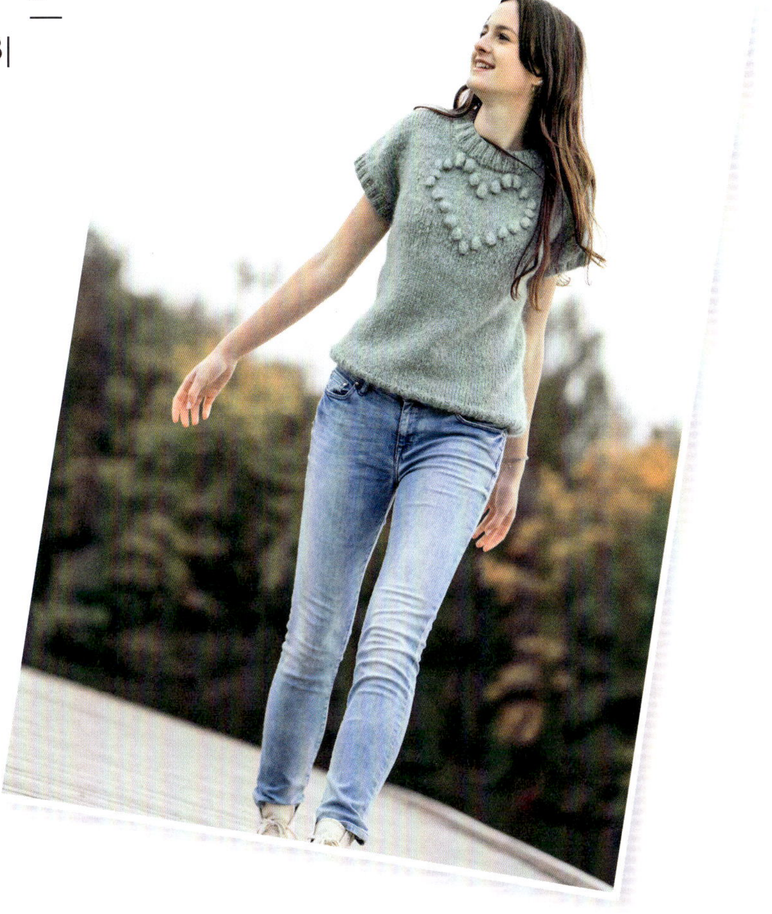

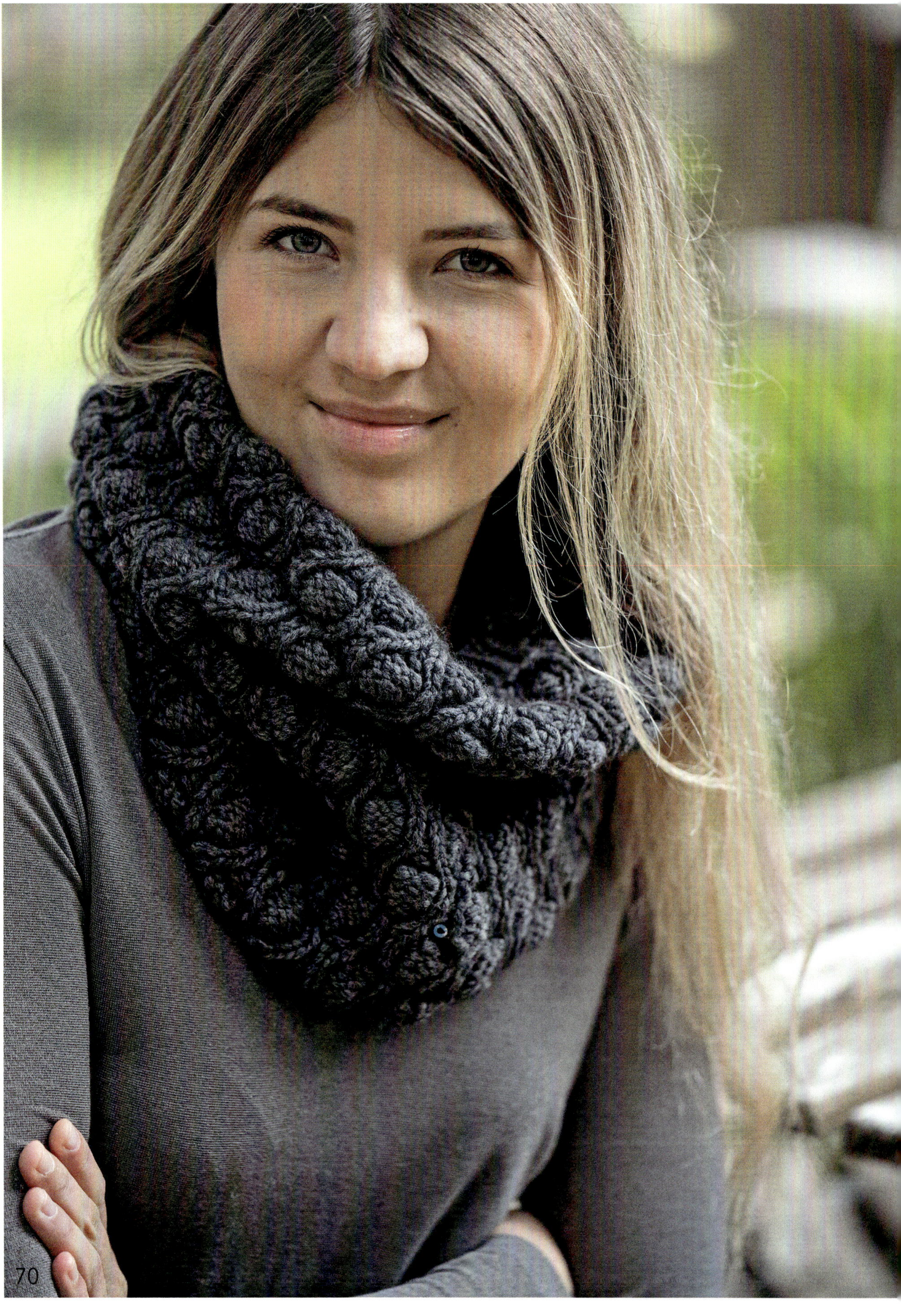

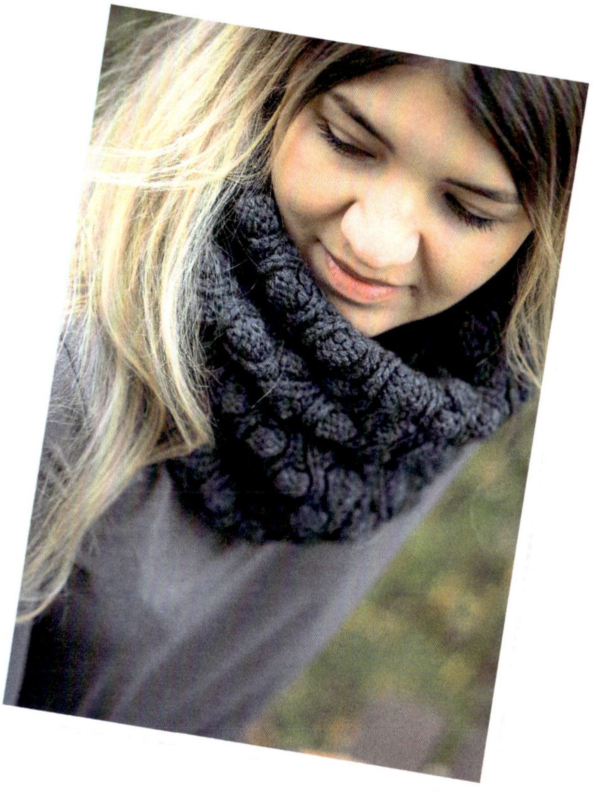

Loop

Schwierigkeitsgrad: mittel

Ein gerade geschnittener Loopschal bringt das flache Bobbelmuster von Seite 22 so richtig schön zur Entfaltung. Dazu wird das Muster ganz einfach rundgestrickt.

Größe:

49 cm hoch x 66 cm Umfang

Material:

Lana Grossa Alta Moda Cashmere 16 (78 % Schurwolle, 12 % Kaschmir, 10 % Polyamid, LL = 110 m/50 g): 250 g Nachtgrau (Fb 13); Rundstricknadel in 7 mm, 60 cm lang.

Muster:

Noppenmuster:

Maschenzahl in der 1. Runde teilbar durch 4, danach teilbar durch 8. Bedingt durch die Zu- und Abnahmen in der Strickschrift variiert die Maschenzahl. Nach Strickschrift arbeiten.

Es sind nur die ungerade Runden dargestellt; in den geraden Runden alle Maschen stricken, wie sie erscheinen. Den Rapport von 4 bzw. 8 M zwischen den Pfeilen stets wiederholen.
1x die 1. – 14. Runde arbeiten, dann die 3. – 14. Runde stets wiederholen.

Maschenprobe:

23 Maschen und 23,5 Runden = 10 cm x 10 cm.

So wird's gemacht:

76 M anschlagen und 1 Rd 1 M rechts, 1 M links im Wechsel stricken. Dann im Noppenmuster weiterarbeiten = 152 Maschen. In 49 cm Gesamthöhe = 116 Runden alle M abketten, dabei in der vorletzten Rd für die Noppen nur noch 5 M links zusammenstricken und aus der anderen Noppe keine 5 M mehr herausstricken = 76 Maschen.

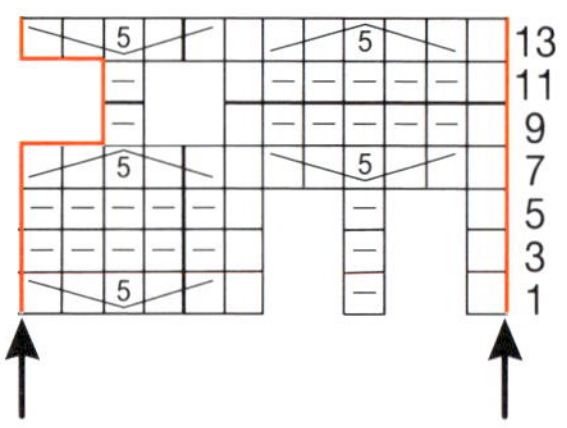

Zeichenerklärung:

□ = **1 Masche rechts**

⊟ = **1 Masche links**

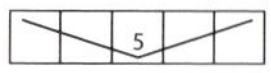 = **5 Maschen aus 1 Masche herausstricken (= 1 Masche links, 1 Umschlag im Wechsel)**

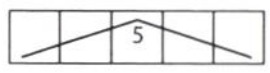 = **5 Maschen links zusammenstricken**

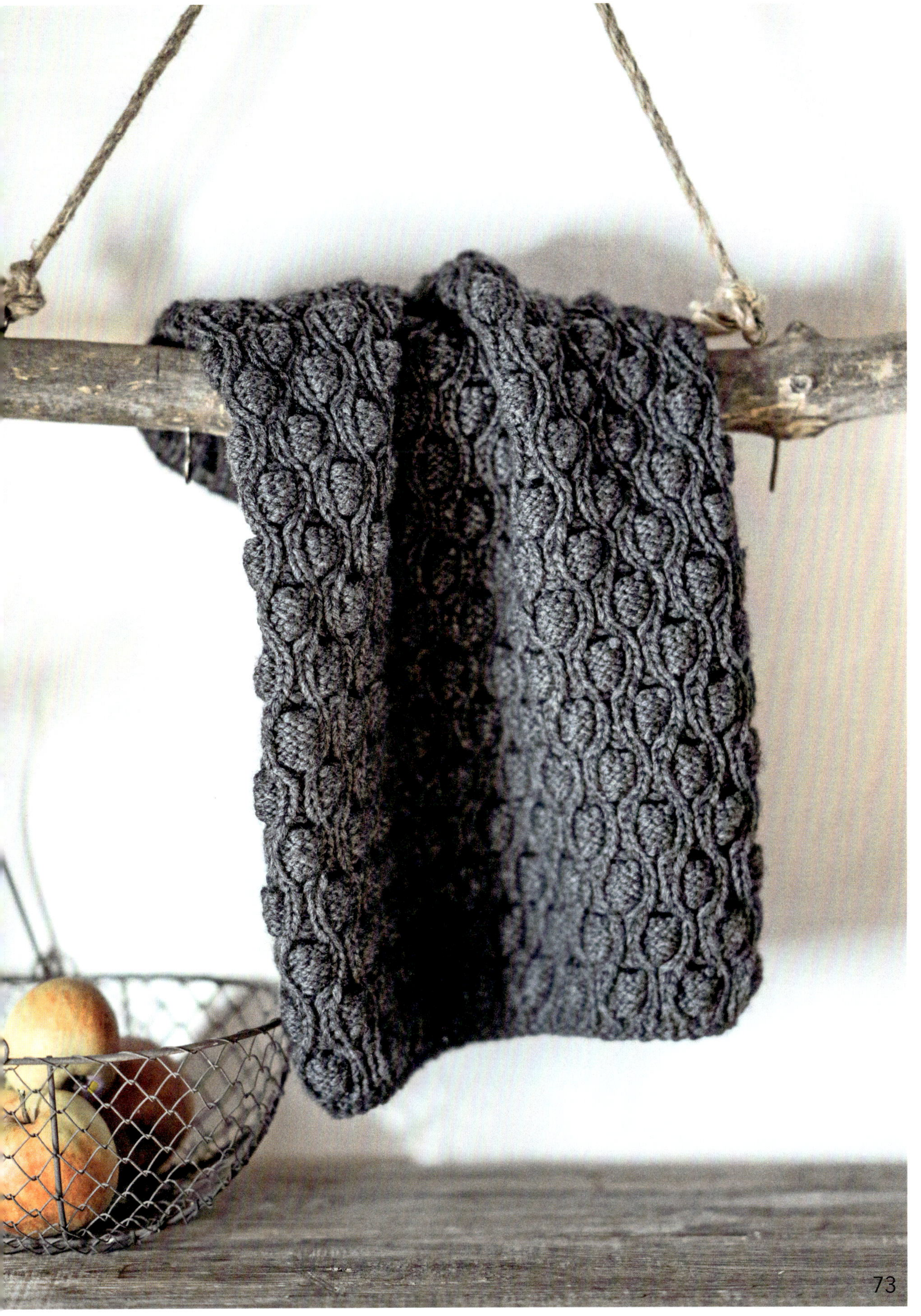

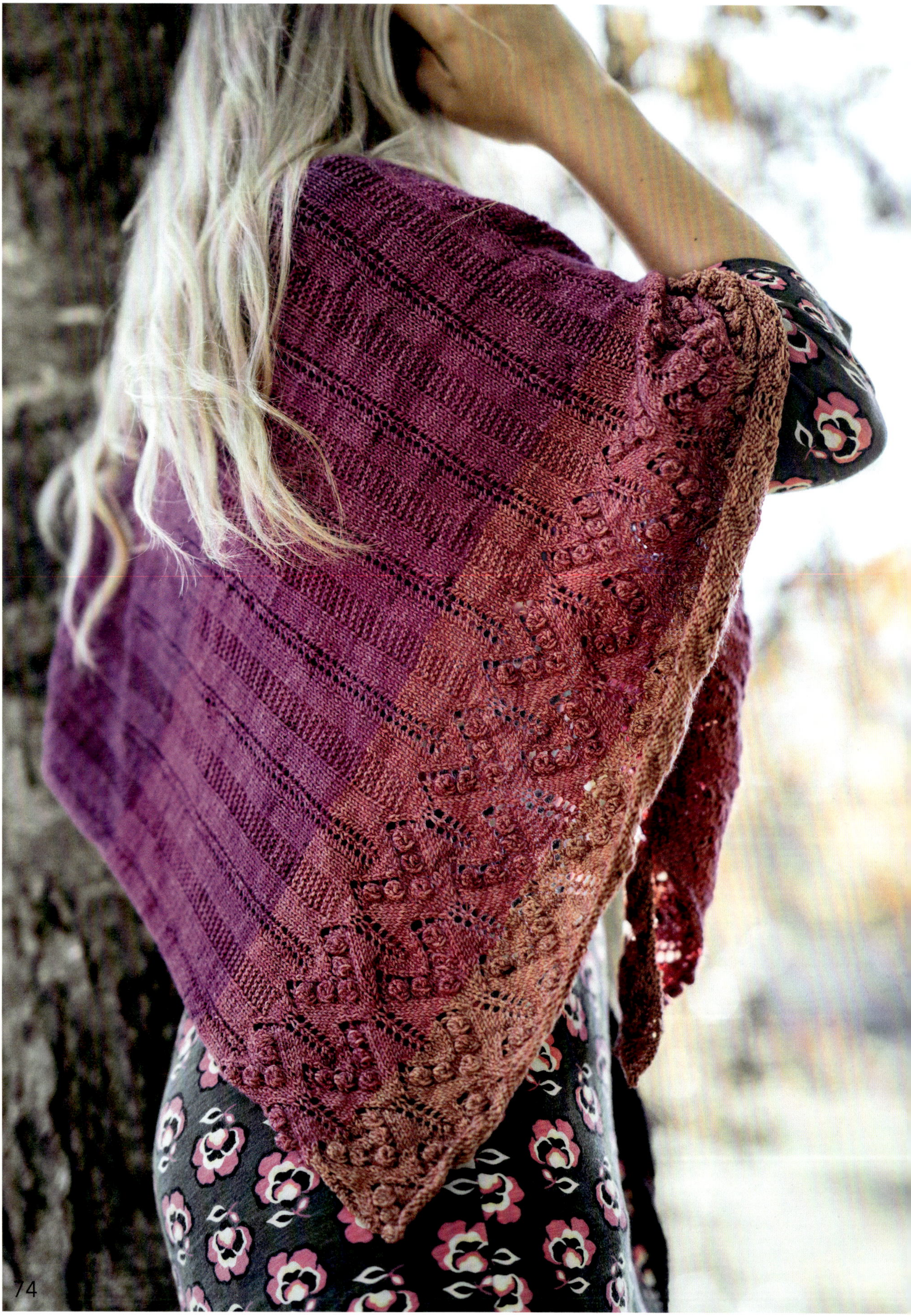

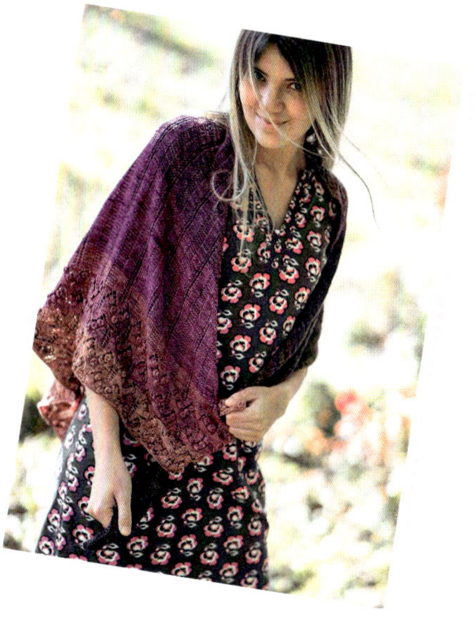

Tuch

Schwierigkeitsgrad: leicht

Dass Noppenmuster nicht immer dick und fest ausfallen, beweist das locker gestrickte Tuch, das mit dem Ajourmuster mit Noppen von Seite 24 wunderbar abgeschlossen wird.

Größe:

78 cm x 198 cm

Material:

Locoporella Merino 4ply Set (100 % Schurwolle, LL = 400 m/100 g): 300 g Faith (= 6x je 50 g); Stricknadeln in 3 mm.

Muster:

Ajourmuster:

Maschenzahl teilbar durch 18 + 1 + 2 Randmaschen. Nach Strickschrift A arbeiten. Es sind nur die Hinreihen notiert. In den Rückreihen die M stricken, wie sie erscheinen bzw. wie in der Zeichenerklärung angegeben, Umschläge links stricken.

1x die 1. – 38. Reihe arbeiten, dann nach gleichem Schema weiter zunehmen und das Muster entsprechend dem gekennzeichneten Rapport von 18 Maschen fortführen.

Rautennoppenmuster:

Maschenzahl teilbar durch 18 + 1 + 2 Randmaschen. Nach Strickschrift B arbeiten. Es sind nur die Hinreihen notiert. In den Rückreihen Maschen stricken, wie sie erscheinen bzw. wie in der Zeichenerklärung angegeben, Umschläge links stricken.

1x die 1. – 36. Reihe und 1x die 5. – 32. Reihe arbeiten.

Falls die Rautennoppenmusterblende länger gewünscht ist, die 5. – 36. Reihe stets wiederholen und nach einer 32. Reihe die Maschen abketten.

Betonte Zunahmen: Am linken Rand bis zur letzten M mustergemäß stricken, dann 1 M aus dem Querfaden rechts verschränkt herausstricken, RandM. In der folgenden Rückreihe über die zugenommene M kraus rechts stricken.

Muster- und Streifenfolge: Die Farben von dunkel nach hell nacheinander verstricken, dabei das Rautennoppenmuster in der vorletzten Farbe beginnen, wenn die Maschenzahl teilbar durch 18 + 1 + 2 Randmaschen ist:

Im Ajourmuster 232 R in der dunkelsten Farbe, 100 R in der zweitdunkelsten Farbe, 76 R in der nächsten Farbe, 64 R in der darauffolgenden Farbe, 14 R in der zweithellsten Farbe, dann weiter im Rautennoppenmuster noch 68 R in der zweithellten Farbe, zum Schluss in der hellsten Farbe arbeiten.

Maschenprobe:

Ajourmuster: 30,5 Maschen und 33 Reihen = 10 cm x 10 cm. **Rautennoppenmuster:** 24 Maschen und 34,5 Reihen = 10 cm x 10 cm.

So wird's gemacht:

Das Tuch wird an der Spitze begonnen und quergestrickt: 3 M in der dunkelsten Farbe anschlagen und 1 RückR rechte M stricken.In der Muster- und Streifenfolge weiterarbeiten, dabei in jeder 2. R = Hinreihe am linken Rand je 1 M betont zunehmen. Nach den 38 R der Strickschrift A die Zunahmen am linken Rand fortlaufend weiterarbeiten und über die zugenommenen Maschen das Ajourmuster nach und nach wie bisher fortsetzen. Die Zunahmen auch beim Rautennoppenmuster am linken Rand fortsetzen, dabei über die zugenommenen Maschen das Rautennoppenmuster nach und nach fortsetzen und darauf achten, dass sich Umschläge und zusammengestrickte M im letzten Rapport stets ausgleichen. Nach einer 32. Reihe alle Maschen abketten.

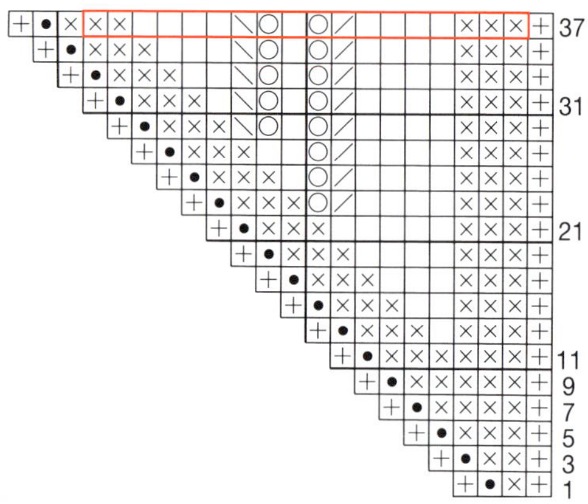

A

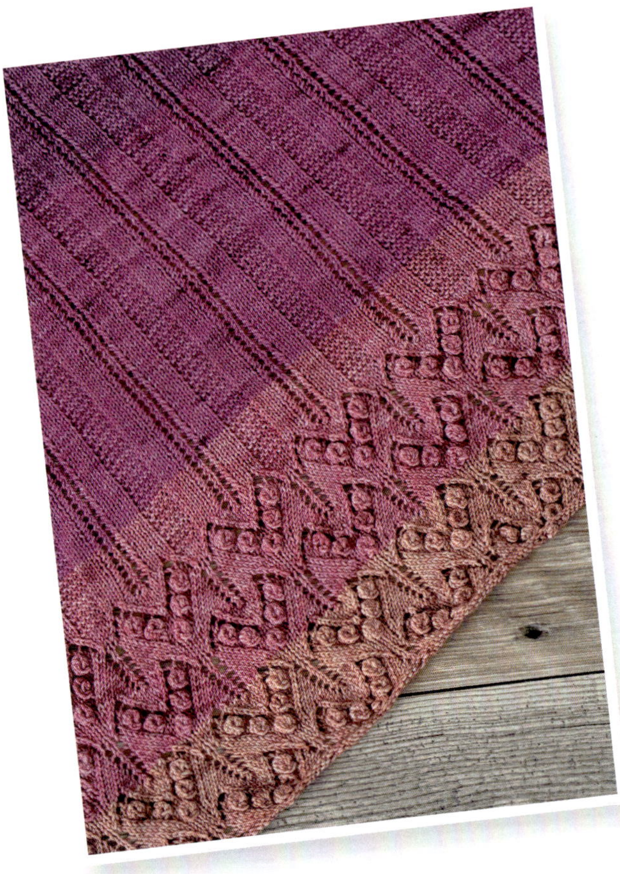

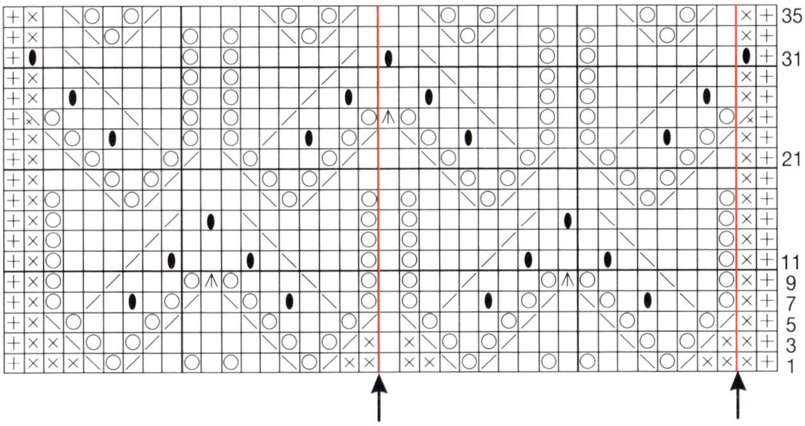

B

Zeichenerklärung:

+ = Randmasche

□ = 1 Masche rechts, in Rückreihen links stricken

× = 1 Masche kraus rechts, in Rückreihen rechts stricken

○ = 1 Umschlag

● = 1 Masche aus dem Querfaden rechts verschränkt herausstricken

/ = 2 Masche rechts zusammenstricken

\ = 2 Maschen rechts überzogen zusammenstricken (= 1 Masche wie zum Rechtsstricken abheben, 1 Masche rechts stricken, dann die abgehobene Masche überziehen)

/× = 2 Masche kraus rechts zusammenstricken; in der Rückreihe Masche rechts stricken

\× = 2 Maschen kraus rechts überzogen zusammenstricken (= 1 Masche wie zum Rechtsstricken abheben, 1 Masche rechts stricken, dann die abgehobene Masche überziehen; in der Rückreihe Masche rechts stricken)

/|\ = 3 Maschen mit oben aufliegender Mittelmasche rechts zusammenstricken (= 2 Maschen gemeinsam wie zum Rechtsstricken abheben, 1 Masche rechts stricken, dann beide abgehobene Maschen zusammen überziehen)

⬮ = 1 Noppe (= 5 Maschen aus 1 Masche herausstricken (= *1 Masche rechts, 1 Umschlag im Wechsel*); Arbeit wenden, 5 Maschen links; Arbeit wenden, 5 Maschen rechts; Arbeit wenden, 5 Maschen links; Arbeit wenden, 5 Maschen rechts überzogen zusammenstricken (= *2 Maschen gemeinsam wie zum Rechtsstricken abheben, 3 Maschen rechts zusammenstricken, dann die beiden abgehobenen Maschen zusammen überziehen*))

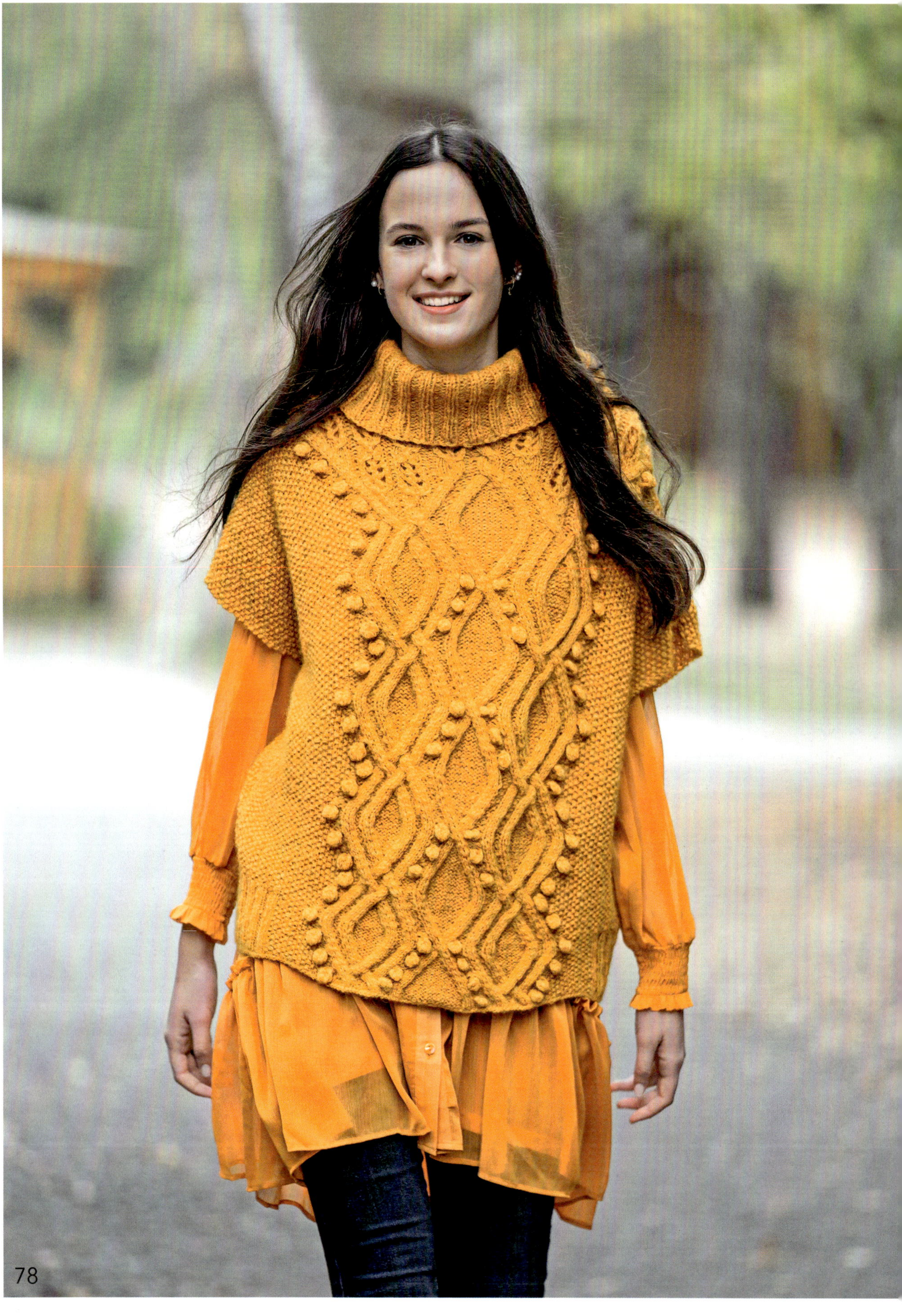

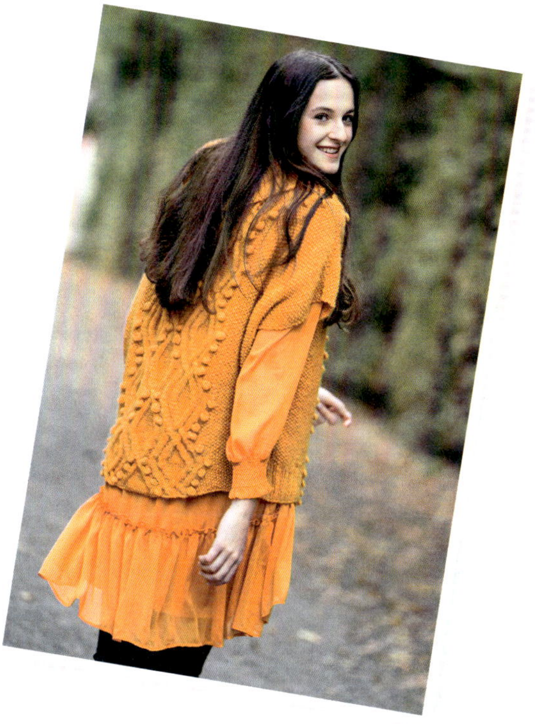

Weiter Pullunder

Schwierigkeitsgrad: mittel

Für das Mittelmotiv dieses herrlichen Pullunders wurden in den breiten Zopf- und Ajourmusterstreifen viele rechtsgestrickte Noppen von Seite 34 verteilt.

Größe:

36/38, 40/42 und 44/46
Die Angaben für die größeren Größen stehen hintereinander in Klammern. Steht nur eine Angabe, so gilt diese für alle Größen.

Material:

Lana Grossa Baby Light (62 % Alpaka, 23 % Schurwolle, 15 % Polyamid, LL = 180 m/50 g): 350 (400/400) g Cognac (Fb 2); Stricknadeln und Rundstricknadel, 40 cm lang, jeweils in 5 und 6 mm.

Muster: :

Rippenmuster in Reihen:
2 M rechts, 2 M links im Wechsel stricken, dabei in den HinR mit 1 M rechts, 2 M links beginnen. In den RückR alle M stricken, wie sie erscheinen.

Rippenmuster in Runden:
2 M rechts, 2 M links im Wechsel stricken.

Kleines Perlmuster:
1 M rechts, 1 M links im Wechsel, dabei die M in jeder Reihe versetzen.

Rautenmuster über 88 Maschen:
Nach Strickschrift arbeiten. Es sind nur die Hinreihen dargestellt; in den Rückreihen die M stricken, wie sie erscheinen bzw. wie in der Zeichenerklärung angegeben.
1x die 1. – 38. Reihe, dann 3x die 7. – 38. Reihe arbeiten und mit der 39. – 66. Reihe enden = 162 Reihen.

Maschenprobe:

Kleines Perlmuster: 16 Maschen und 26 Reihen = 10 cm x 10 cm. **Rautenmuster:** 24,5 Maschen und 26 Reihen = 10 cm x 10 cm.

So wird's gemacht:

Für das **Rückenteil** 124 (132/140) M mit den dünneren Nadeln anschlagen und 1 RückR linke M stricken. Diese R ist in den folgenden Berechnungen nicht berücksichtigt. Die M wie folgt einteilen: RandM, 17 (21/25) M Rippenmuster, dabei mit 1 M rechts, 2 M links, 2 M rechts beginnen, 88 M Rautenmuster, 17 (21/25) M Rippenmuster, dabei mit 2 M rechts, 2 M links beginnen und mit 1 M rechts enden, RandM.

Nach 8 cm = 22 Reihen ab Anschlag mit den dickeren Nadeln weiterarbeiten, dabei über die M des Rippenmusters nun im kleinen Perlmuster und in der 1. R nach der RandM und dem Rautenmuster jeweils mit 1 M rechts, 1 M links beginnen und gegengleich enden. Für die Seitenschrägen beidseitig in der 7. R ab Bund 1x1 M und in jeder 6. R 13x je 1 M zunehmen = 152 (160/168) Maschen.
In 60,5 cm Gesamthöhe = 160 Reihen ab Anschlag für den Halsausschnitt die mittleren 38 M abketten und beide Seiten getrennt beenden. Für die Ausschnittrundung am inneren Rand in jeder 2. R 1x 2 M und 1x1 M abketten. In 62 cm Gesamthöhe restliche 54 (58/62) M abketten.

Das **Vorderteil** wie das Rückenteil arbeiten.

Fertigstellung: Die Schulternähte schließen. Aus dem Halsausschnitt 102 M mit der dünneren Rundstricknadel auffassen und 1 Rd linke M stricken, dabei gleichmäßig verteilt 24 M zunehmen = 126 Maschen. Dann im Rippenmuster weiterarbeiten, dabei nach 15 Rd mit der dickeren Rundstricknadel weiterarbeiten. In 19 cm Gesamthöhe alle M locker abketten. Zum Schluss die Seitennähte schließen.

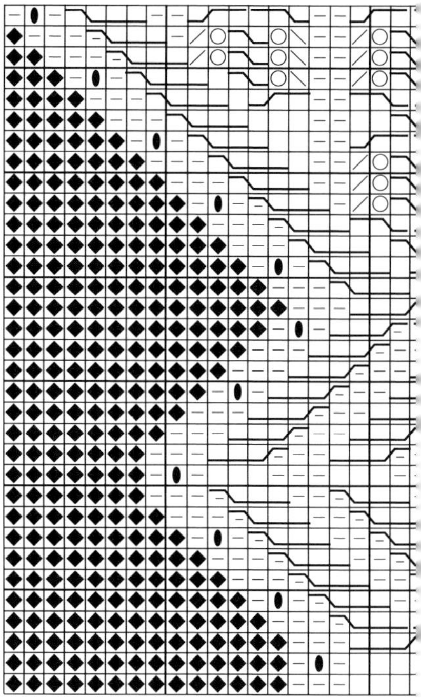

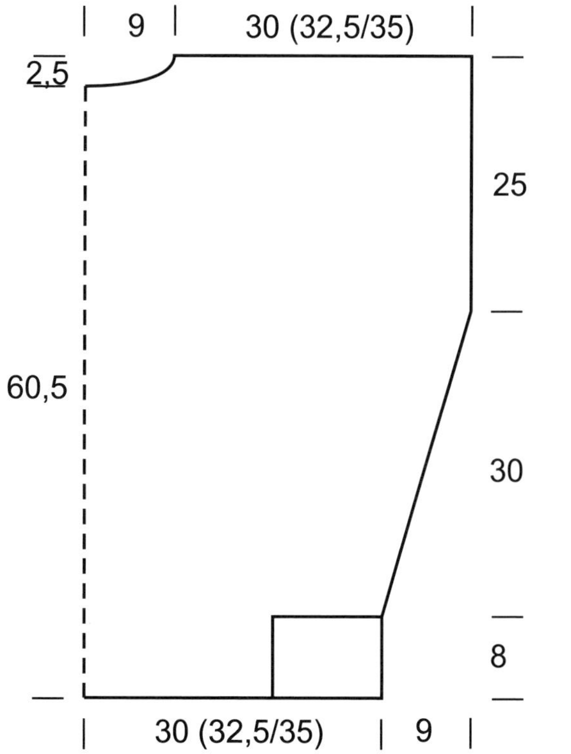

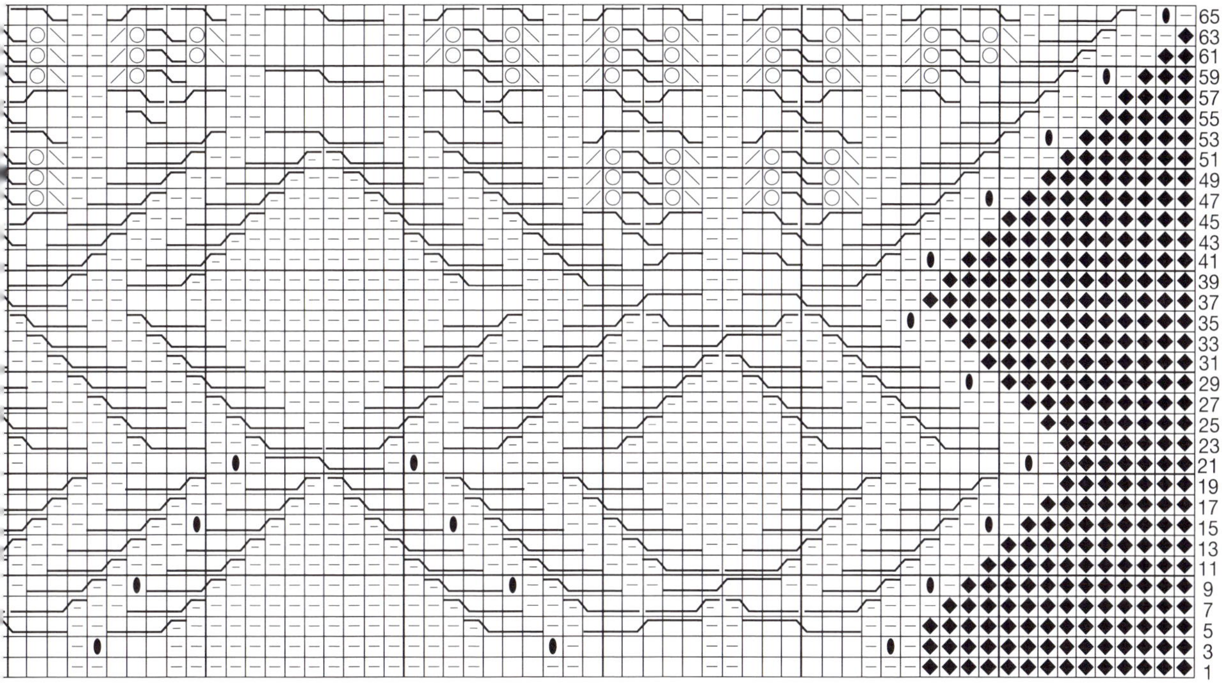

Zeichenerklärung:

- = 1 Masche rechts – = 1 Masche links
- ◆ = 1 Masche kleines Perlmuster (= 1 Masche rechts, 1 Masche links im Wechsel; die Maschen in jeder Reihe versetzen)
- ○ = 1 Umschlag
- ⬮ = 1 Noppe (= 5 Maschen aus 1 Masche herausstricken (= *1 Masche rechts, 1 Umschlag im Wechsel*); Arbeit wenden, 5 Maschen links; Arbeit wenden, 5 Maschen rechts; Arbeit wenden, 5 Maschen links; Arbeit wenden, 5 Maschen rechts überzogen zusammenstricken *(= 2 Maschen gemeinsam wie zum Rechtsstricken abheben, 3 Maschen rechts zusammenstricken, dann die beiden abgehobenen Maschen zusammen überziehen)*)
- / = 2 Masche rechts zusammenstricken
- \ = 2 Maschen rechts überzogen zusammenstricken (= 1 Masche wie zum Rechtsstricken abheben, 1 Masche rechts stricken, dann die abgehobene Masche überziehen)
- = 1 Masche auf eine Hilfsnadel vor die Arbeit legen, 1 Masche rechts, dann die Masche der Hilfsnadel rechts stricken
- = 1 Masche auf eine Hilfsnadel vor die Arbeit legen, 2 Maschen rechts, dann die Masche der Hilfsnadel rechts stricken
- = 2 Maschen auf eine Hilfsnadel hinter die Arbeit legen, 1 Masche rechts, dann die Maschen der Hilfsnadel rechts stricken
- = 3 Maschen auf eine Hilfsnadel vor die Arbeit legen, 1 Masche rechts, dann die Maschen der Hilfsnadel rechts stricken
- = 1 Masche auf eine Hilfsnadel hinter die Arbeit legen, 3 Maschen rechts, dann die Masche der Hilfsnadel rechts stricken
- = 3 Maschen auf eine Hilfsnadel vor die Arbeit legen, 1 Masche links, dann die Maschen der Hilfsnadel rechts stricken
- = 1 Masche auf eine Hilfsnadel hinter die Arbeit legen, 3 Maschen rechts, dann die Masche der Hilfsnadel links stricken
- = 3 Maschen auf eine Hilfsnadel vor die Arbeit legen, 3 Maschen rechts, dann die Maschen der Hilfsnadel rechts stricken
- = 3 Maschen auf eine Hilfsnadel hinter die Arbeit legen, 3 Maschen rechts, dann die Maschen der Hilfsnadel rechts stricken

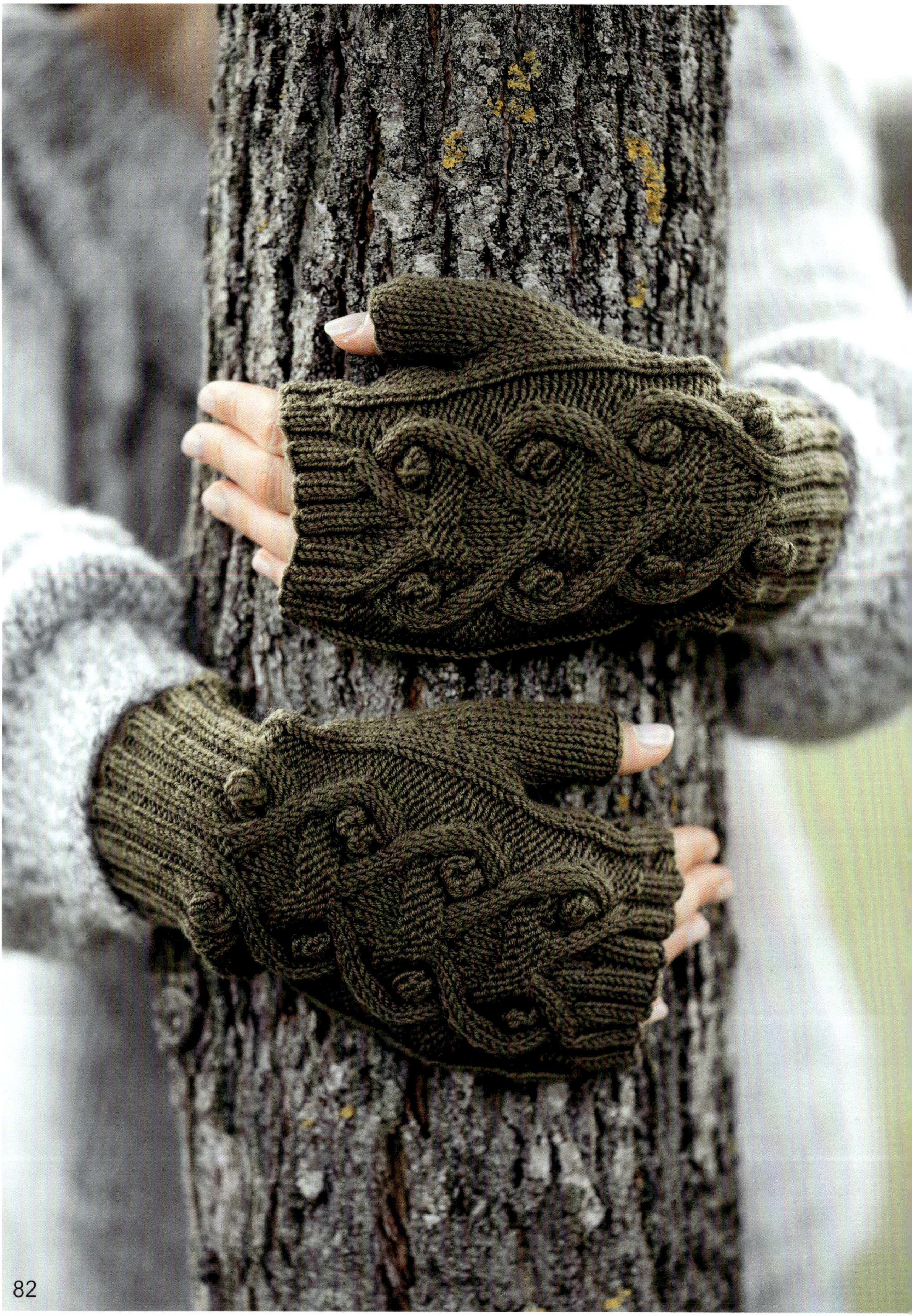

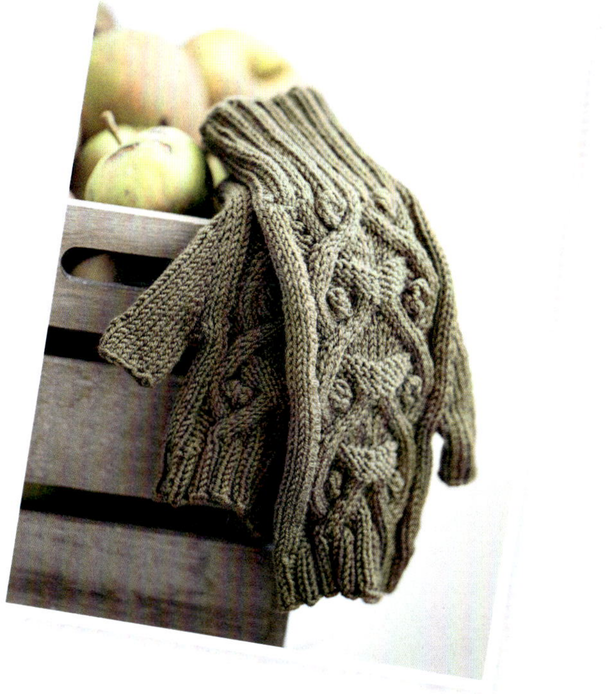

Stulpen

Schwierigkeitsgrad: mittel

Den Handrücken dieser hohen, rundgestrickten Stulpen mit eingestricktem Daumen ziert das Noppenzopfmuster von Seite 28.

Größe:

20 – 22 cm und 23 – 25 cm Handumfang, ca. 22 cm fertige Länge. Die Angabe für die größere Größe stehen hintereinander in Klammern. Steht nur eine Angabe, so gilt diese für beide Größen.

Material:

Schulana Sensitiva (100 % Schurwolle, LL=185 m/50 g): 50 (100) g Military (Fb 33); Nadelspiel in 3 und 3,5 mm.

Muster:

Rippenmuster in Runden:
2 M rechts, 2 M links im Wechsel stricken.

Glatt rechts in Runden: Stets rechte M stricken.

Noppenzopf über 28 Maschen:
Nach Strickschrift arbeiten. Es sind nur ungerade Runden gezeichnet, in den geraden Runden die M stricken, wie sie erscheinen.
Die 1. – 14. Runde stets wiederholen.

Maschenprobe:

Glatt rechts: 28 Maschen und 40 Runden = 10 cm x 10 cm; **Noppenzopf:** 28 Maschen und 40 Runden = 9 cm x 10 cm.

So wird's gemacht:

Hinweis: Bei der rechten Stulpe liegen die M der Handfläche auf der 1. und 2. Nadel und die M des Handrückens auf der 3. und 4. Nadel, bei der linken Stulpe entsprechend umgekehrt.

Für die **rechte Stulpe** 56 (64) M mit dem dünneren Nadelspiel anschlagen, die M gleichmäßig auf vier Nadeln verteilen – 14 (16) Maschen pro Nadel. Für den Bund 7 cm = 24 Runden im Rippenmuster stricken. Dann mit dem dickeren Nadelspiel weiterarbeiten und die M wie folgt einteilen: 28 (34) M glatt rechts, 28 M Noppenzopf, 0 (2) M glatt rechts.

Nach 3,5 cm = 14 Runden ab Bund für den Daumenkeil die 4. M der 1. Nadel markieren und beidseitig der markierten M je 1 M aus dem Querfaden rechts verschränkt herausstricken = 3 M Daumenkeil. Die folgenden Zunahmen wie folgt stricken: * In der folgenden 3. Rd vor und nach den DaumenkeilM je 1 M aus dem Querfaden rechts verschränkt herausstricken; ab * noch 5x (6x) wiederholen = 13 (15) Daumenkeilmaschen. Die Zahl der DaumenkeilM erhöht sich bei jeder Zunahme um 2 M. Über die DaumenkeilM glatt rechts stricken. Dann die M stilllegen.

Über den stillgelegten DaumenkeilM für den Daumensteg 5 M dazu anschlagen und 1 Rd stricken, dabei über die 5 M des Daumenstegs glatt rechts stricken. In der folgenden Rd die 1. StegM mit der M davor rechts überzogen zusammenstricken (= 1 M wie zum Rechtsstricken abheben, 1 M rechts, dann die abgehobene M überziehen) und die letzte StegM mit der M danach rechts zusammen. Diese Abnahme in jeder Rd ebenso arbeiten bis nur noch 1 M des Stegs übrig ist = 56 (64) Maschen.

Nach 50 Rd ab Bund mit den dünneren Nadeln noch 2 cm = 7 Runden im Rippenmuster weiterarbeiten. Dann die M abketten.

Für den Daumen die stillgelegten 13 (15) KeilM auf eine Nadel nehmen, 5 M aus dem Steg auffassen und = 18 (20) Maschen. Die M gleichmäßig auf 3 Nadeln verteilen = 6 (7-6-7) Maschen pro Nadel. Glatt rechts stricken. In der folgenden Rd die 1. StegM mit der M davor rechts überzogen zusammen und die letzte StegM mit der M danach rechts zusammen. Diese Abnahmen in jeder Rd ebenso arbeiten, bis nur noch 1 M des Stegs übrig ist = 14 (16) Maschen. Am Fingergelenk alle M abketten.

Die **linke Stulpe** gegengleich arbeiten, dabei für den Daumenkeil die 4.-letzte M der 4. Nd markieren.

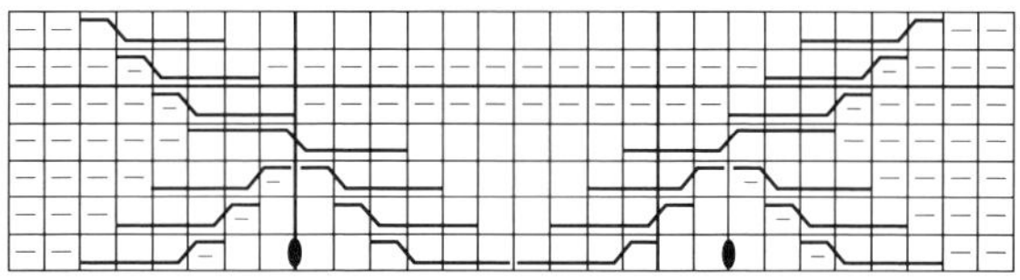

Zeichenerklärung:

 = 1 Masche rechts

 = 1 Masche links

● = 1 Noppe (= 5 Maschen aus dem Querfaden herausstricken (*= 1 Masche rechts, 1 Umschlag im Wechsel*); Arbeit wenden, 5 Maschen links; Arbeit wenden, 5 Maschen rechts; Arbeit wenden, 5 Maschen links; Arbeit wenden, 5 Maschen rechts überzogen zusammenstricken (*= 2 Maschen gemeinsam wie zum Rechtsstricken abheben, 3 Maschen rechts zusammenstricken, dann die beiden abgehobenen Maschen zusammen überziehen; dann die folgende Masche über die letzte Masche der Noppe ziehen*)

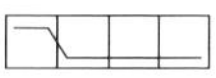 = 3 Maschen auf eine Hilfsnadel vor die Arbeit legen, 1 Masche rechts stricken, dann die Maschen der Hilfsnadel rechts stricken

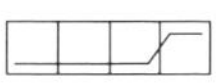 = 1 Masche auf eine Hilfsnadel hinter die Arbeit legen, 3 Maschen rechts stricken, dann die Masche der Hilfsnadel rechts stricken

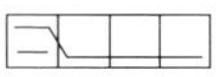 = 3 Maschen auf eine Hilfsnadel vor die Arbeit legen, 1 Masche links stricken, dann die Maschen der Hilfsnadel rechts stricken

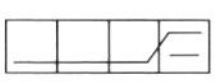 = 1 Masche auf eine Hilfsnadel hinter die Arbeit legen, 3 Maschen rechts stricken, dann die Masche der Hilfsnadel links stricken

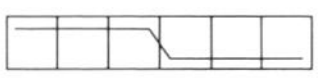 = 3 Maschen auf eine Hilfsnadel vor die Arbeit legen, 2 Maschen rechts stricken, dann die Maschen der Hilfsnadel rechts stricken

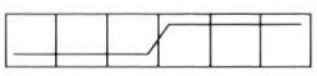 = 3 Maschen auf eine Hilfsnadel hinter die Arbeit legen, 2 Maschen rechts stricken, dann die Maschen der Hilfsnadel rechts stricken

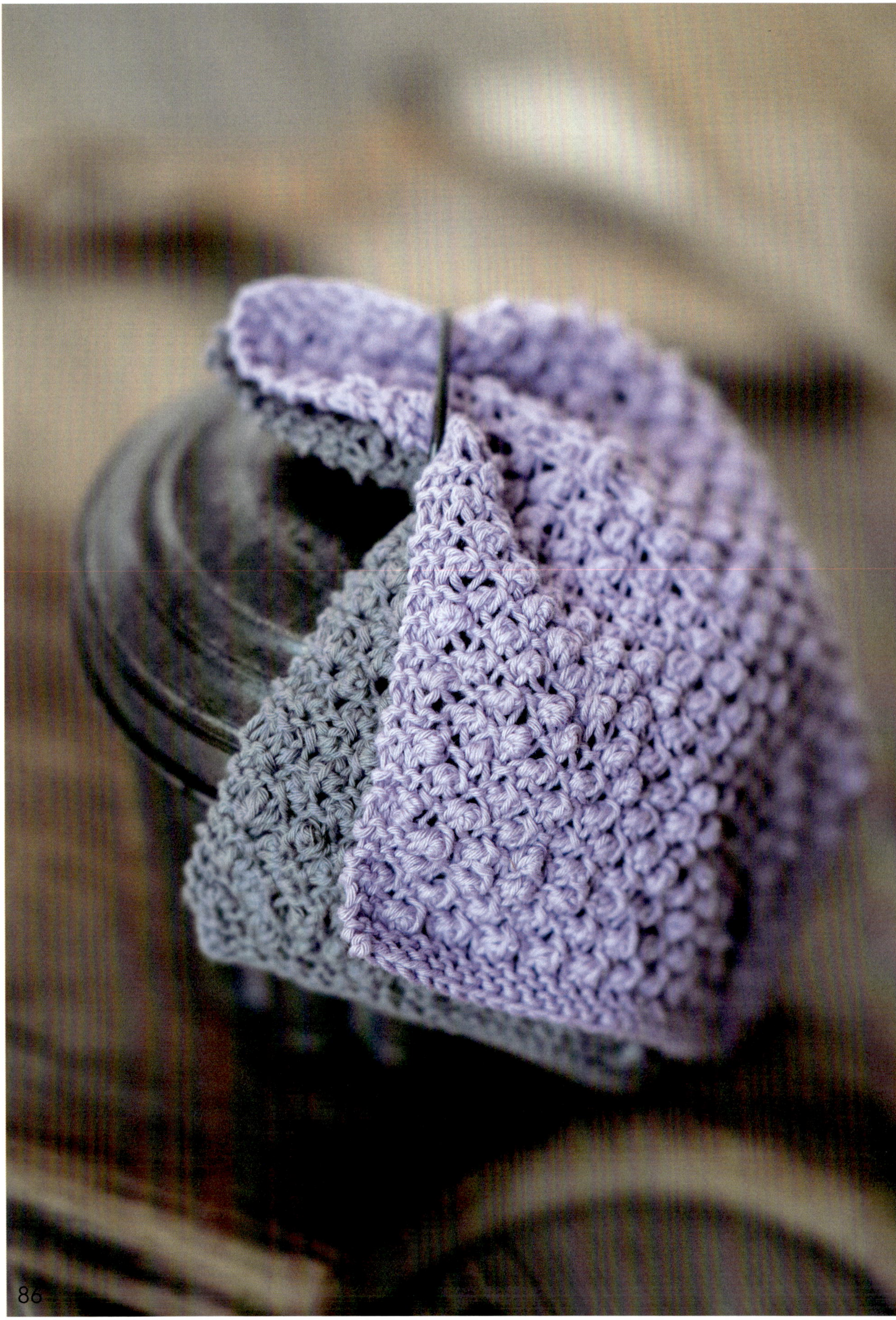

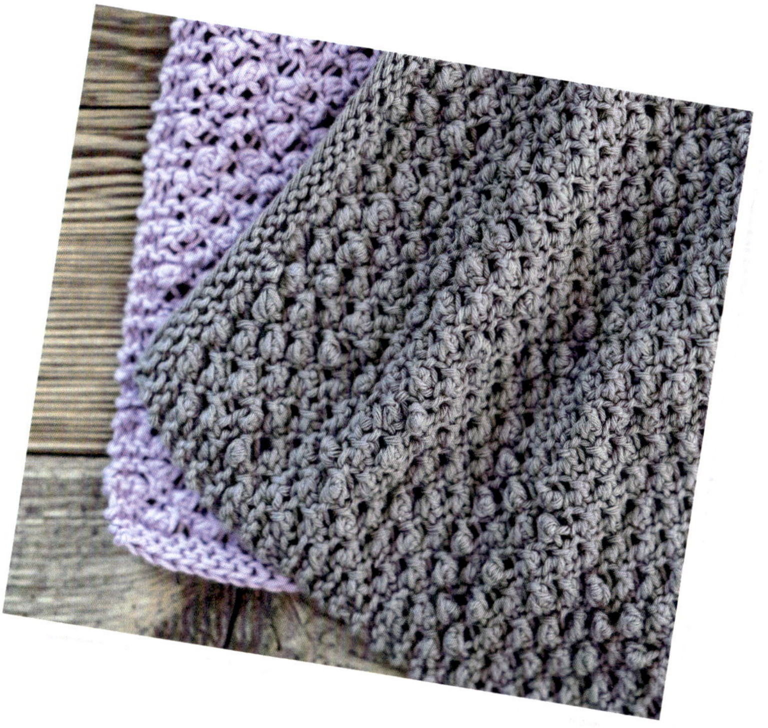

Spüllappen

Schwierigkeitsgrad: einfach

Die kleinen überzogenen Noppen geben den praktischen Spüllappen den richtigen Grip. Davon kann man gar nicht genug haben! **[Noppen von Seite 32]**

Größe:

20 cm x 20 cm

Material:

Buttinette Woll Butt Schulgarn (100 % Baumwolle, LL = 115 m/50 g): je 50 g Grau (Fb 52.240.77) und Flieder (Fb 52.102.83); Stricknadeln in 3 mm.

Muster:

Kraus rechts:
In Hin- und Rückreihen stets rechte M stricken.

Noppenmuster:
Maschenzahl teilbar durch 2. Die Noppen in den Rückreihen stricken, sie erscheinen jedoch auf der Vorderseite.
1. Reihe (Hinreihe): Alle M rechts stricken.
2. Reihe (Rückreihe): * 1 Noppe (= 4 M aus 1 M herausstricken = 1 M links, 1 M rechts im Wechsel; dann die 3., 2. und 1. M über die 4. M ziehen), 1 M rechts; ab * stets wiederholen.
3. Reihe: Alle M rechts stricken.
4. Reihe: * 1 M rechts, 1 Noppe (= 4 M aus 1 M herausstricken = 1 M links, 1 M rechts im Wechsel; dann die 3., 2. und 1. M über die 4. M ziehen); ab * stets wiederholen.
Die 1. – 4. Reihe stets wiederholen.

Maschenprobe:

Noppenmuster: 16 Maschen und 16 Reihen = 10 cm x 10 cm.

So wird's gemacht:

Je 1 Spüllappen in Grau und in Flieder arbeiten: 32 M in der jeweiligen Farbe anschlagen und 3 Reihen kraus rechts stricken, dabei mit 1 RückR beginnen. Dann die M wie folgt einteilen: 2 M kraus rechts (inklusive RandM), 28 M Noppenmuster, 2 M kraus rechts (inklusive RandM). In 19 cm Gesamthöhe über alle M 4 Reihen kraus rechts stricken, dann alle M abketten.

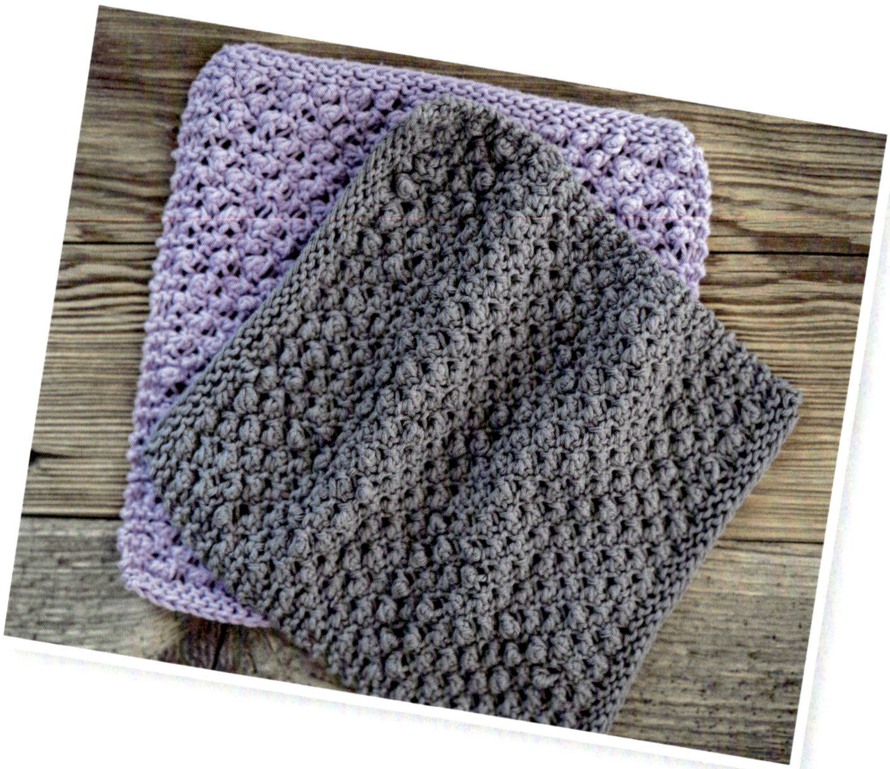

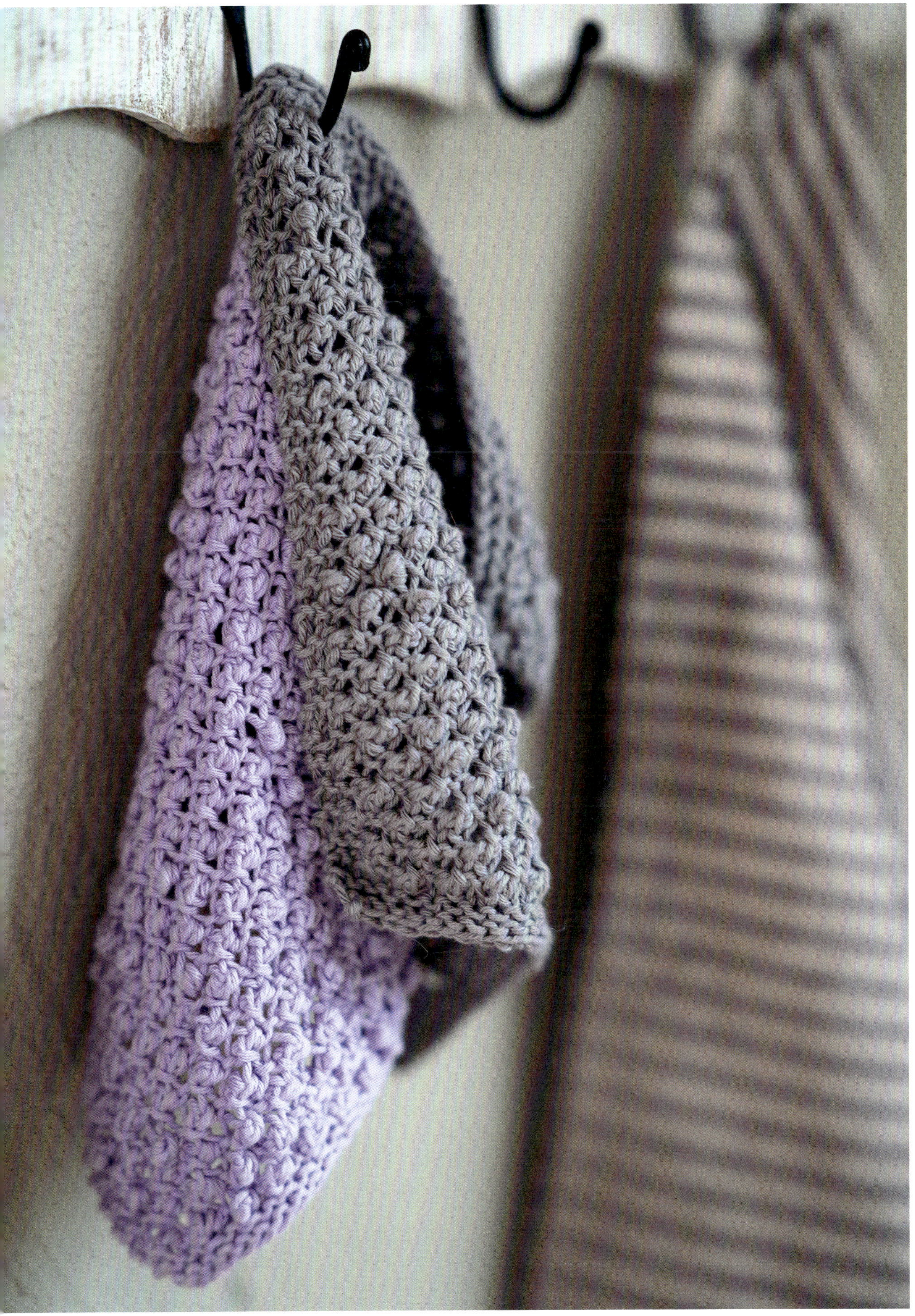

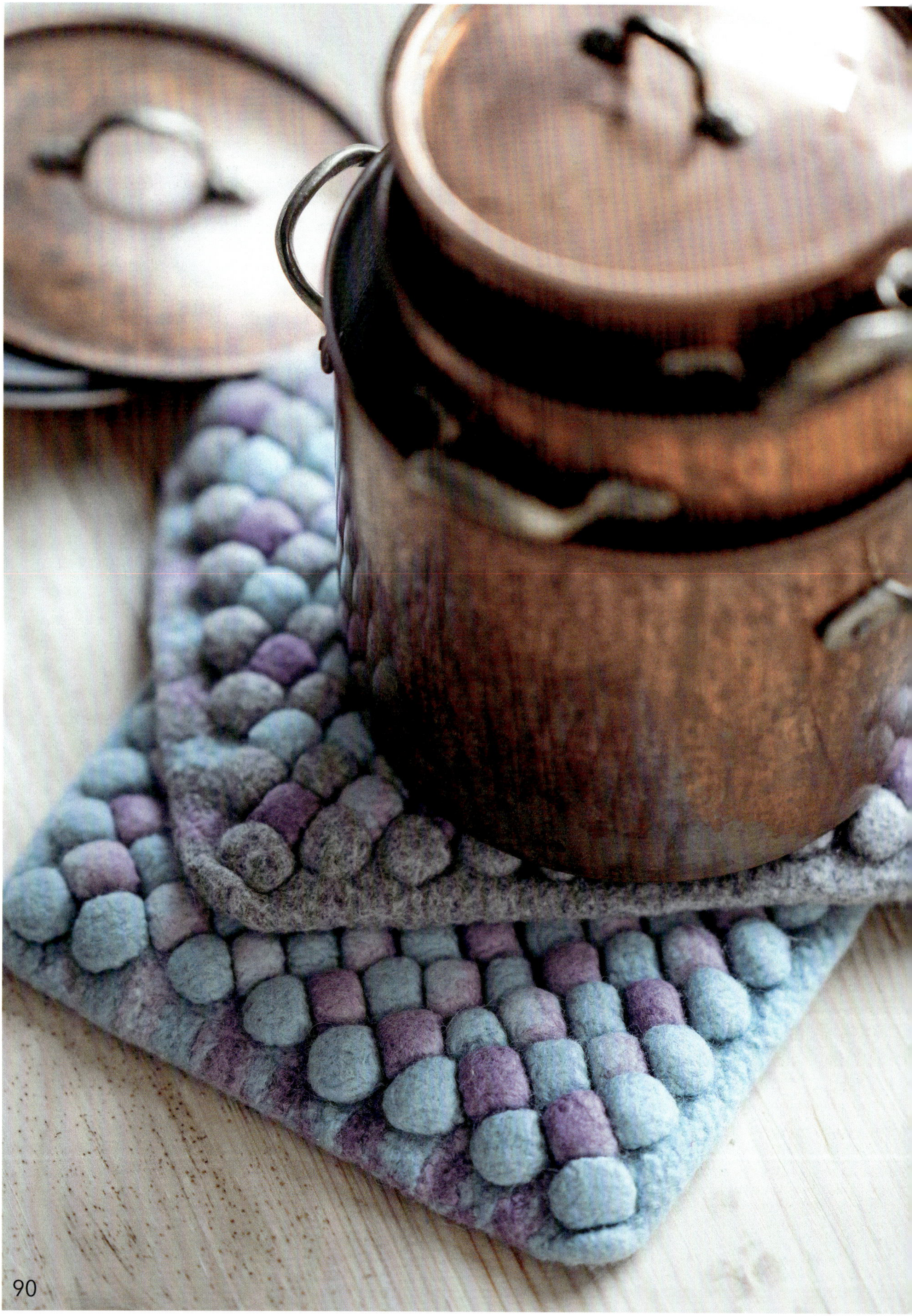

Untersetzer

Schwierigkeitsgrad: mittel

Noppe an Noppe, dicht an dicht und in der Waschmaschine gefilzt - so dient dieses Strickteil aus reiner Schurwolle als hübscher Untersetzer. Gestrickt wurden dazu die rechtsgestrickten Noppen von Seite 34.

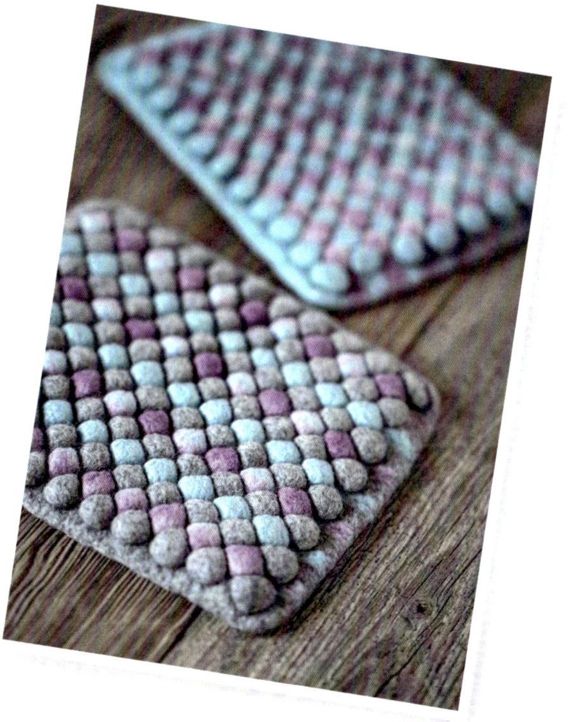

Größe:

Vor dem Filzen: 42 cm x 41 cm; nach dem Filzen: 29 cm x 24 cm

Material:

Buttinette Woll Butt Filzwolle (100 % Schurwolle, LL = 50 m/50 g): für den dreifarbigen Untersetzer 150 g Grau (Fb 99.273.89), 100 g Mauve Color (Fb 99.196.64) und 50 g Mint (Fb 99.115.52); für den zweifarbigen Untersetzer 150 g Mint (Fb 99.115.52) und 100 g Mauve Color (Fb 99.196.64); Stricknadeln in 8 mm.

Muster:

Kraus rechts:
In Hin- und Rückreihen stets rechte M stricken.

Noppenmuster:
Maschenzahl teilbar durch 4 + 3.
1. Reihe (Hinreihe): Alle M rechts stricken.
2. Reihe (Rückreihe): Alle M links stricken.
3. Reihe: * 1 M rechts, 1 Noppe (= 5 M aus 1 M herausstricken (= *1 M rechts, 1 Umschlag im Wechsel*); Arbeit wenden, 5 M links; Arbeit wenden, 5 M rechts; Arbeit wenden, 5 M links; Arbeit wenden, 5 M rechts zusammen), 2 M rechts; ab * stets wiederholen, 1 M rechts, 1 Noppe, 1 M rechts.
4. Reihe: Alle M links stricken.
5. Reihe: Alle M rechts stricken.
6. Reihe: Alle M links stricken.
7. Reihe: * 3 M rechts, 1 Noppe; ab * stets wiederholen, 3 M rechts.
8. Reihe: Alle M links stricken.
Die 1. – 8. Reihe stets wiederholen.

Streifenfolge für den dreifarbigen Untersetzer: 7 R Grau, * 4 R Mauve Color, 4 R Grau, 4 R Mint, 4 R Grau; ab * 3x arbeiten, alle weiteren kraus rechten R in Grau stricken.

Streifenfolge für den zweifarbigen Untersetzer: 7 R Mint, * 4 R Mauve Color, 4 R Mint; ab * noch 6x wiederholen, alle weiteren kraus rechten R in Mint stricken.

Maschenprobe:

Noppenmuster ungefilzt: 11,5 Maschen und 17,5 Reihen = 10 cm x 10 cm.
Noppenmuster gefilzt: 16 Maschen und 28,5 Reihen = 10 cm x 10 cm.

So wird's gemacht:

49 M in der jeweils ersten Farbe der Streifenfolge anschlagen und die Streifenfolge bis zum Schluss fortführen: 3 R kraus rechts, dabei mit 1 RückR beginnen. Dann die M wie folgt einteilen: 3 M kraus rechts (inklusive RandM),
43 M Noppenmuster, 3 M kraus rechts (inklusive RandM). In 39,5 cm Gesamthöhe über alle M
4 R kraus rechts stricken, dann alle M abketten.

Fertigstellung:
Den Untersetzer bei 40° Grad in der Waschmaschine waschen (Programm: Pflegeleicht, 40°, Wasser plus), dafür noch etwas andere Wäsche mit einfüllen, aber nicht zu voll machen.

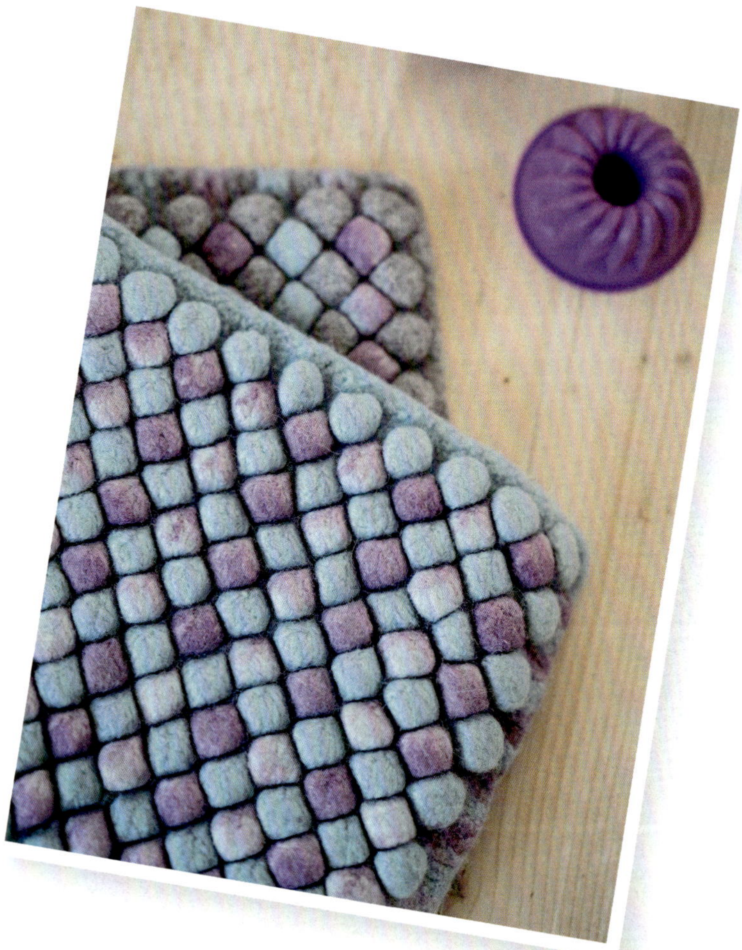

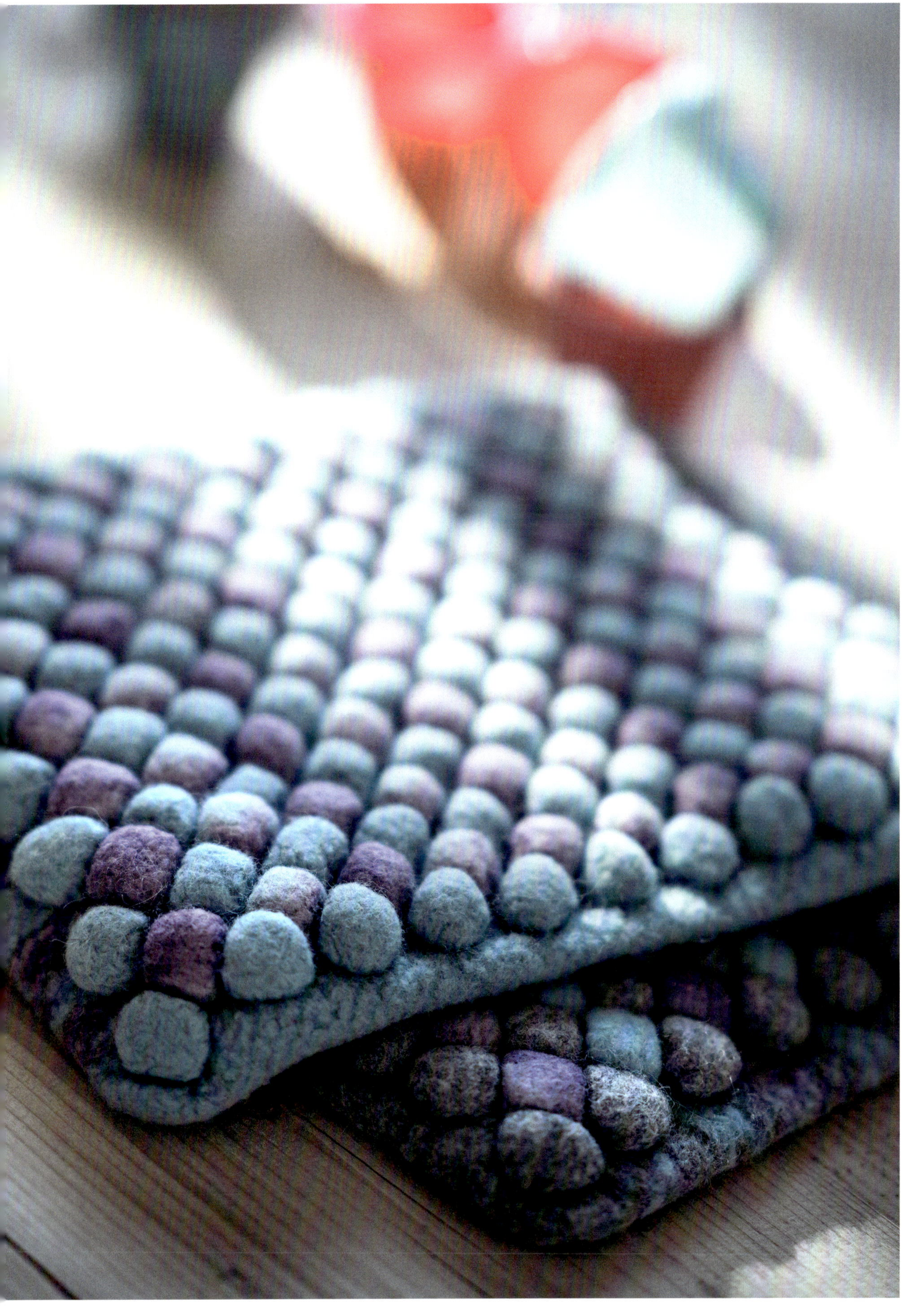

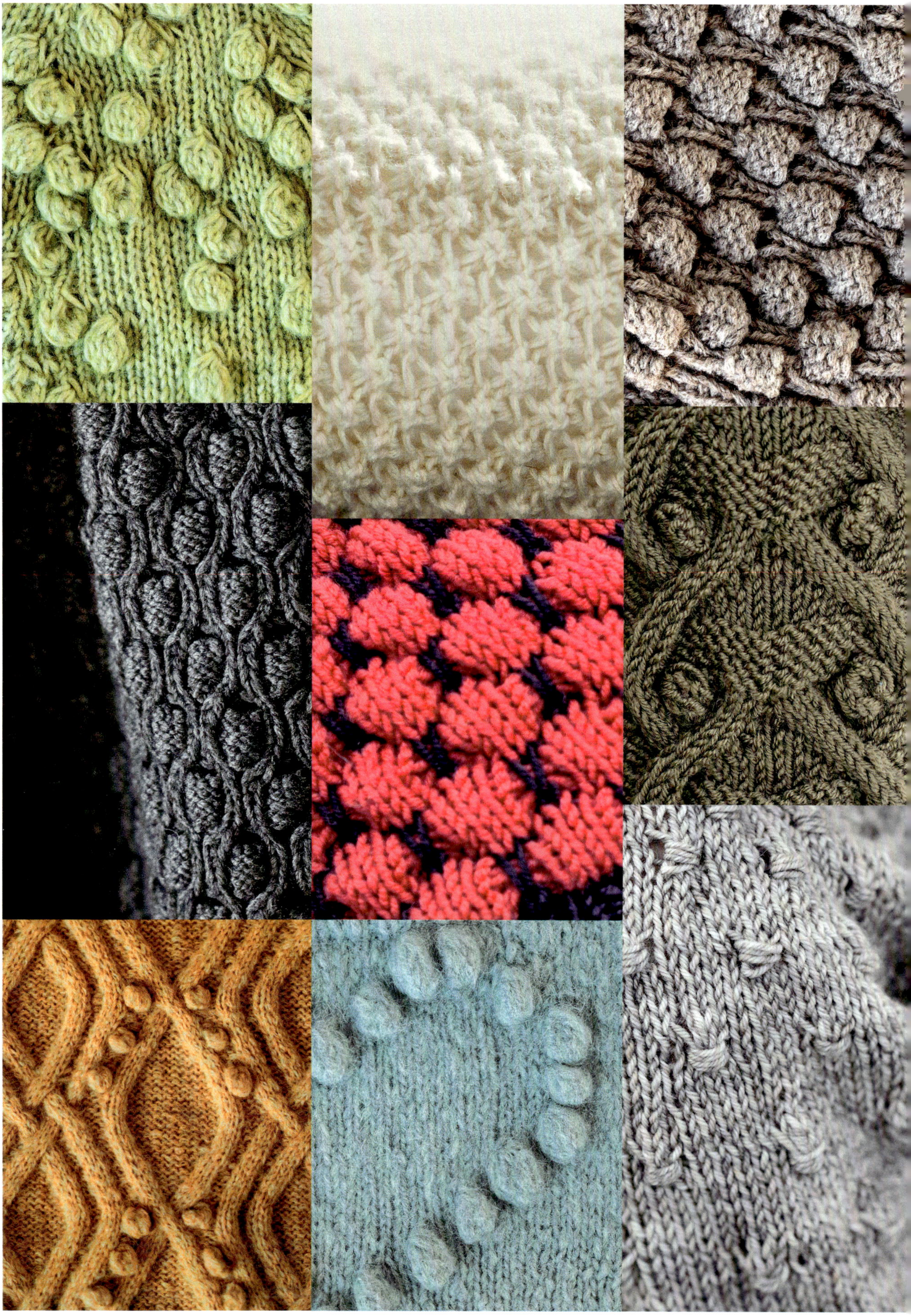

In gleicher Reihe erschienen ...

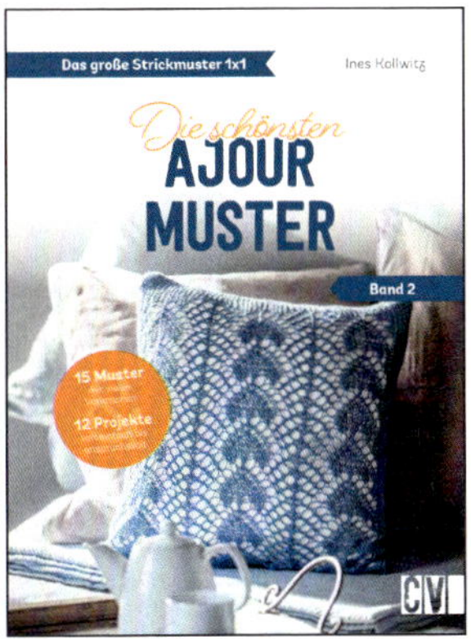

ISBN 978-3-8410-6623-7

Einfache Strickmodelle mit Ajourmuster: dem perfekten Zusammenspiel von Umschlägen und zusammengestrickten Maschen. Projekte von Mode bis Homedeko.

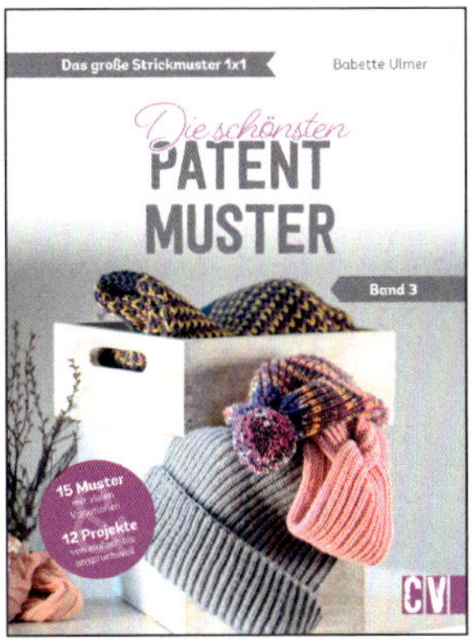

ISBN 978-3-8410-6671-8

Umschläge, Abheben, Zusammenstricken: So einfach entstehen Patent-Muster. Wie das funktioniert, zeigt dieser Band der Strickmuster-Sammlung.

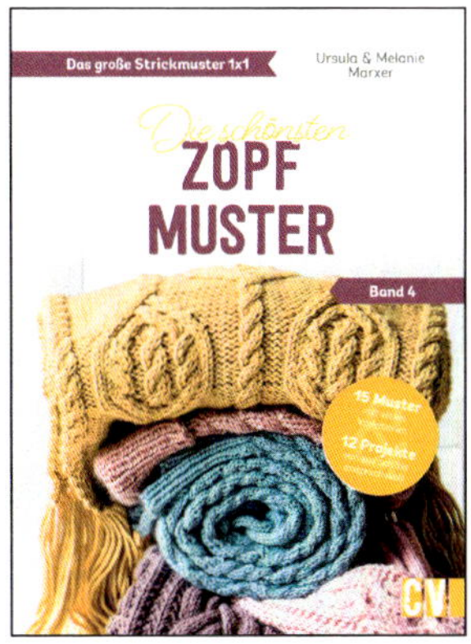

ISBN 978-3-8410-6670-1

Durch einfaches Verkreuzen der Maschen entstehen plastische Zopfstrukturen. Wie das funktioniert, zeigt dieser Band der Strickmuster-Sammlung.

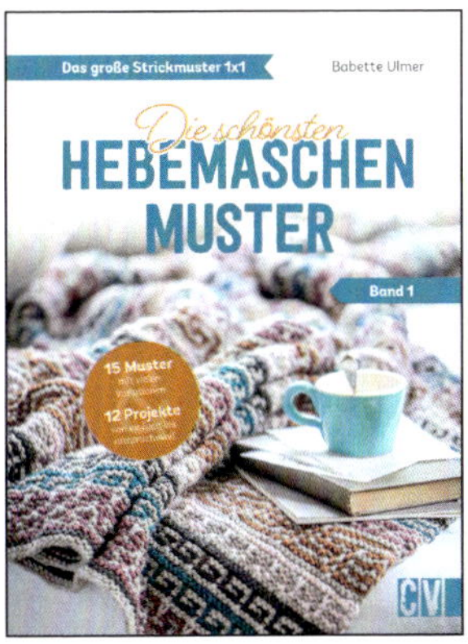

ISBN 978-3-8410-6640-4

Mit Hebemaschen entsteht ein Muster durch's Abheben der Maschen. Wie das funktioniert, zeigt dieser Band der Strickmusterreihe.

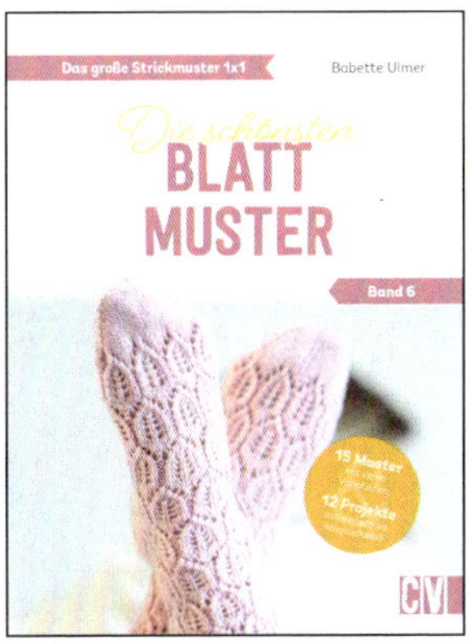

ISBN 978-3-8410-6701-2

Das Blattmuster zaubert leichte und luftige Muster – der neue Band der Strickmusterreihe erklärt ausführlich, wie es geht.

www.christophorus-verlag.de

Impressum

Autorin: Babette Ulmer
Realisation: Helgrid van Impelen
Fotos & Styling: Anne Schulz
Produktmanagement extern:
Stephanie van der Linden
Lektorat: Stephanie van der Linden
Korrektorat: Anna Maier
Umschlaggestaltung: Regina Degenkolbe
Layout-Konzept und Satz: Ina Mielkau
Repro: LUDWIG:media
Herstellung: Kathleen Baumann
Printed in Slovakia by Neografia

★★★★★

Sind Sie mit diesem Titel zufrieden? Dann würden wir uns über Ihre Weiterempfehlung freuen. Erzählen Sie es im Freundeskreis, berichten Sie Ihrem Buchhändler oder bewerten Sie beim Onlinekauf.
Und wenn Sie Kritik, Korrekturen oder Aktualisierungen haben, freuen wir uns über Ihre Nachricht an Christophorus Verlag, Postfach 40 02 09, 80702 München oder per E-Mail an lektorat@verlagshaus.de.

Unser komplettes Programm finden Sie unter

www.christophorus-verlag.de

Wir danken unseren fleißigen Strickerinnen für ihren tollen Einsatz: Birgit Schwer, Gisela Jäger, Eva Huber, Babette Ulmer, Sabine Langguth-Heinze, Claudia Kritzer, Sabine Damerau

Wir danken folgenden Hersteller & Sponsoren: Lana Grossa, https://www.lana-grossa.de; Austermann, https://www.schoeller-wolle.de; Schulana, https://schulana.de; Locoporella.de, https://locoporella.de; Buttinette, http://www.buttinette.de; Lang Yarns, https://www.langyarnswolle.de

Die Deutsche Nationalbibliothek verzeichnet diese Publikation in der Deutschen Nationalbibliografie; detaillierte bibliografische Daten sind im Internet über http://dnb.de abrufbar.

ISBN 978-3-8410-6700-5

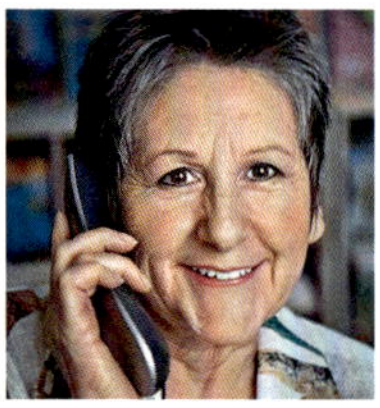

Kreativ-Service

Sie haben Fragen zu den Büchern und Materialien? Frau Erika Noll ist für Sie da und berät Sie rund um alle Kreativthemen. Rufen Sie an! Wir interessieren uns auch für Ihre eigenen Ideen und Anregungen. Sie erreichen Frau Noll per E-Mail: **kreativ-service@c-verlag.de** oder Tel.: **+49 (89) 13 06 99-577.**

Besuchen Sie uns im Internet: www.christophorus-verlag.de
& www.selbstgemacht.de